高等教育
管理与发展探索

王 璐◎著

吉林出版集团股份有限公司
全国百佳图书出版单位

图书在版编目(CIP)数据

高等教育管理与发展探索 / 王璐著. -- 长春 : 吉林出版集团股份有限公司, 2024.4

ISBN 978-7-5731-4771-4

Ⅰ.①高… Ⅱ.①王… Ⅲ.①高等教育—教育管理—研究—中国 Ⅳ.①G649.2

中国国家版本馆CIP数据核字（2024）第069836号

高等教育管理与发展探索

GAODENG JIAOYU GUANLI YU FAZHAN TANSUO

著　　者：王　璐

责任编辑：矫黎晗

出　　版：吉林出版集团股份有限公司

发　　行：吉林出版集团青少年书刊发行有限公司

地　　址：吉林省长春市福祉大路5788号

邮政编码：130118

电　　话：0431-81629808

印　　刷：北京亚吉飞数码科技有限公司

版　　次：2025年1月第1版

印　　次：2025年1月第1次印刷

开　　本：710mm×1000mm　1/16

印　　张：14.5

字　　数：226千字

书　　号：ISBN 978-7-5731-4771-4

定　　价：86.00元

如发现印装质量问题,影响阅读,请与印刷厂联系调换。电话：010-82540188

前　言

　　高等教育在个人和社会的发展中扮演着重要的角色。对于个人来说，高等教育不仅是知识获取和能力提升的重要途径，也是个人成长和实现自我价值的关键环节。通过专业的学习和训练，高等教育能够帮助个人在职业技能、专业知识、人文素养等方面得到提升，从而为未来的职业发展和生活奠定坚实的基础。对于社会来说，高等教育是推动经济发展、科技创新和社会进步的重要力量。高等教育培养出的高素质人才是各行各业的中坚力量，为社会的各个领域提供人才支撑。同时，高等教育所产出的科研成果和创新能力能够推动科技创新，促进经济发展，为社会带来巨大的经济效益。此外，高等教育还能够提高公民的素质和文明程度，推动社会文化的传承和发展，为社会的和谐稳定和可持续发展做出重要贡献。因此，世界各国均对高等教育给予了高度重视。

　　改革开放初期，我国高等教育面临着发展相对滞后、毛入学率低、高等教育资源匮乏等挑战。为了解决这些问题，并满足人民群众对高等教育的需求，我国政府采取了一系列措施来加快高等教育的发展。这些措施包括增加对高等教育的投入、扩大高等教育规模和提高高等教育质量。在改革开放的推动下，我国高等教育实现了快速发展，毛入学率不断提高，高等教育资源也不断丰富。同时，我国高等教育也逐渐实现了从以学科教育为主向以素质教育为主的转变，更加注重培养学生的创新能力和实践能力。进入21世纪后，我国高等教育面临着新的挑战和机遇。为了适应经济社会发展，满足人民群众对高等教育的需求，我国政府开始实施高等教育质量提升工程，推进高等教育的内涵式发展，并加强对高等教育质量的监控和评估。这些措施的实施有助于提高我国高等教育的整体水平和质量，为经济社会发展提供更多高素质人才的支持。在此背景下，笔者特撰写了本书。

本书共包括七章内容：第一章对高等教育管理的基本知识进行了简要阐述；第二章至第六章分别对高等教育的教学管理、教师管理、学生管理、科研管理、德育管理、安全管理以及后勤管理的相关知识进行了研究；第七章则对高等教育的发展性评价进行了研究。总体来说，本书具有系统性和实用性等特点。

本书在撰写的过程中，参考了许多高等教育管理方面的相关著作，在此对各著作的作者表示诚挚的谢意！由于时间仓促，本人水平有限，不足之处在所难免，恳请广大读者在使用中多提宝贵意见，以便本书的修改与完善。

王　璐

2023年8月

目　录

第一章　高等教育管理的理论认知

高等教育管理是一门涉及多个学科的管理学科。它涵盖了教学、科研、社会服务等多个方面，旨在培养优秀人才并推动社会进步。在实践过程中，理论认知对指导高等教育管理工作具有重要的作用。

第一节　高等教育管理的内涵

一、高等教育管理的概念

高等教育管理是指由专人或专门机构负责的，组织有关人员合理配置高等教育资源、高效地完成高等教育预定目标的活动或行为。[①]

[①] 柯佑祥.高等教育管理[M].上海：华东师范大学出版社，2000.

二、高等教育管理的特点

高等教育管理的特点主要包括以下几个方面（图1-1）。

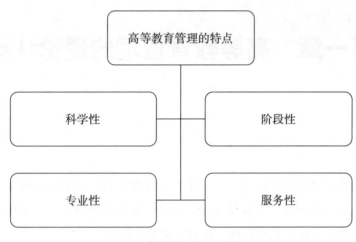

图1-1　高等教育管理的特点

（一）科学性

科学性是高等教育管理的重要特点。高等教育管理需要基于客观事实和科学规律，采用科学的方法和手段进行管理和决策。这主要体现在以下几个方面。

第一，高等教育管理应该基于充分的数据和事实进行决策，避免主观臆断和经验主义。数据的收集、分析和利用应该遵循科学方法，确保决策的准确性和有效性。

第二，高等教育管理应该借鉴先进的管理理论和实践，如组织行为学、教育经济学、教育政策学等，结合实际情况进行应用和创新，提高管理水平和效率。

第三，高等教育管理应该建立科学评估机制，对教学质量、科研成果、社会服务等方面进行评估和监测，以客观反映学校的管理水平和办学效果，为改进管理和提高质量提供科学依据。

第四，高等教育管理应该加强科研和管理人员的培训，提高他们的专业素养和管理能力，使他们能够更好地运用科学方法进行管理和决策。

（二）阶段性

高等教育管理涉及学生从入学到毕业的整个过程，需要经过多个阶段的管理。例如，招生管理的重点是录取适合学校和专业的新生，目标是通过宣传、推广、选拔等方式，吸引优秀的学生报考学校，并确保录取学生的质量。相应的管理策略包括制定招生政策、宣传推广、组织面试、录取审核等。学生管理的重点是确保学生身心健康、遵守校规校纪、参与校园活动等方面，目标是营造良好的学习氛围和校园文化。相应的管理策略包括制定学生管理规定、组织校园活动、进行心理健康教育、违纪处理等。教学管理的重点是课程设置、教学计划、教学质量等方面，目标是提高教学质量，培养优秀的人才。相应的管理策略包括制定教学大纲、组织教材建设、评估教师教学质量、改进教学方法等。科研管理的重点是组织科研项目、评估科研成果等方面，目标是提高学校的科研水平和竞争力。相应的管理策略包括组织科研项目申请、评估科研成果、管理科研团队、提供科研经费等。毕业就业管理的重点是帮助学生顺利完成毕业论文和答辩，并推荐毕业生就业，目标是提高毕业率和就业率，为学生的职业发展奠定基础。相应的管理策略包括组织毕业论文答辩、提供就业信息、推荐毕业生等。

在每个阶段的管理中，高等教育管理者需要制定相应的管理策略和措施，并确保管理的科学性、规范化和制度化，以提高管理水平和效率，实现高等教育的目标。

（三）专业性

高等教育管理需要专业的管理人员和队伍，他们需要具备相关的专业知识和技能，以及丰富的管理经验。

第一，高等教育管理人员需要具备相关的专业知识和技能，如管理学、教育学、心理学等。这些知识和技能可以帮助他们更好地理解学生的需求和管理要求，制定科学的管理策略和措施，提高管理水平和效率。

第二，高等教育管理人员需要具备丰富的管理经验，能够根据不同的情况和需求，灵活运用管理理论和方法进行有效的管理和决策。

（四）服务性

高等教育管理的最终目的是促进学生的全面发展，为他们提供更好的服务。管理人员需要了解学生的需求，包括学习、生活、心理、职业等方面的需求。管理人员可以通过多种途径获取学生的反馈，如问卷调查、个人交流、学生组织等，以便更好地了解学生的需求和问题。首先，管理人员需要创造良好的学习和生活环境，让学生能够在舒适、安全、有意义的氛围中学习和生活。例如，可以提供丰富的课程和活动、良好的教学设施、安全的住宿环境等。其次，高等教育管理应该提供个性化的服务，考虑学生的差异和特殊性。对学习困难的学生，可以提供辅导和指导；对有特殊才能的学生，可以提供个性化的课程和培养计划。最后，高等教育管理还应该关心学生的职业发展和未来发展，提供就业指导、职业规划、创业支持等服务。例如，可以举办职业规划讲座、招聘会等，帮助学生了解职业市场和规划自己的未来。

三、高等教育管理的指导思想

高等教育管理的指导思想主要包括以下几个方面（图1-2）。

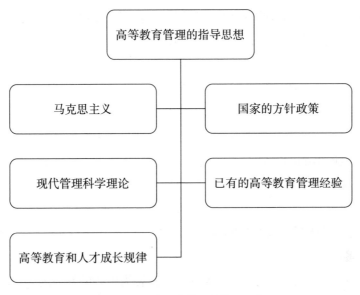

图1-2 高等教育管理的指导思想

(一) 马克思主义

马克思主义是马克思主义理论体系的简称，是关于全世界无产阶级和全人类彻底解放的学说。马克思主义是我们立党立国的根本指导思想，是全党全国人民团结奋斗的共同思想基础。马克思主义在高等教育管理工作中的指导地位是不可动摇的。高等教育管理工作要以马克思主义为指导，保证学生管理工作的正确方向。然而，目前我国各大高校在应用马克思主义指导教育管理工作时还存在一些问题。这些问题包括对马克思主义的认识不够深入、应用不够科学、与实际结合不够紧密等。这些问题制约了马克思主义在高等教育管理工作中的作用。因此，高校应提高马克思主义在教育管理工作中的应用水平，以便更好地服务于学生的成长成才。

(二) 国家的方针政策

高等教育管理要以国家的方针政策为指导，这是由国家的方针政策的性质和内容决定的。国家的方针政策是国家对教育、文化、科技、经济、社会等各个领域的发展方向、目标、任务和政策措施的总概括，具有全局性、长远性和指导性。高等教育管理只有以国家的方针政策为指导，才能确保学生管理工作的方向正确、任务明确、措施得力，才能更好地适应国家经济社会发展的需要。

此外，国家的方针政策也会随着时代的变化而不断调整和完善。高等教育管理要及时掌握国家的方针政策动态，使学生管理工作能够与时俱进，适应国家经济社会发展的需要。

（三）现代管理科学理论

现代管理科学理论强调以人为本、以顾客为中心的管理理念，注重通过科学的方法和技术，提高组织的效率和绩效。在高等教育管理工作中，现代管理科学理论提倡注重学生的全面发展，注重学生的个性化需求和差异化发展，从而有效促进学生的成长成才。

同时，现代管理科学理论也强调管理的科学化、规范化、标准化和精细化，注重运用现代信息技术和数据分析方法，提高管理效率和精准度。在高等教育管理工作中，现代管理科学理论的应用可以帮助管理人员更加科学、客观、全面地掌握学生的实际情况，对管理工作的顺利开展和取得实效具有重要的意义。

（四）已有的高等教育管理经验

以已有的高等教育管理经验为指导，能够有效推动高等教育管理工作的顺利开展并获得良好的成果。其原因包括以下几个方面。

第一，经验丰富的管理者和工作人员已经总结出了许多行之有效的管理方法和经验，可以帮助高校在学生管理工作上少走弯路，快速适应工作岗位。

第二，已有的高等教育管理经验已经被广泛应用和证明是行之有效的，可以减少工作中的错误和失误，可以提高工作效率和质量。

第三，参考已有的高等教育管理经验，可以为高校提供可以参考和学习的管理案例和成功经验，可以使高校在学生管理工作中获得更好的成绩和口碑。

（五）高等教育和人才成长规律

高等教育和人才成长规律是指在高等教育和人才成长过程中学生的身心发展规律、教育教学规律、社会需求规律等。高等教育管理要以高等教育和人才成长规律为指导，才能使学生管理工作更好地符合学生的身心发展规律，更好地遵循教育教学规律。

以学生身心发展规律为例。学生身心发展规律是指学生在成长过程中身心各方面发展的顺序性、阶段性、方向性等。高等教育管理要以学生身心发展规律为指导，才能确保学生管理工作符合学生的身心发展规律，避免管理工作的过度干预或干预不足，从而保证学生身心健康发展。

以教育教学规律为例。教育教学规律是指教育教学过程中所涉及的诸多因素之间的关系和作用方式。高等教育管理要以教育教学规律为指导，才能使学生管理工作更好地符合教育教学规律，注重教育质量和效果，避免管理工作的盲目性和随意性。

以社会需求规律为例。社会需求规律是指社会对人才的需求方向、需求数量、需求质量等方面的规律。高等教育管理要以社会需求规律为指导，才能使学生管理工作更好地符合社会需求规律，注重人才培养的质量和适应性，避免管理工作的滞后性和错位性。

总之，高等教育和人才成长规律是高等教育管理的指导思想，高等教育管理要以高等教育和人才成长规律为指导，才能使学生管理工作更加科学、规范、有效。

四、高等教育管理的理念

教育理念是指导教育行为、实践的重要指针。不同的教育理念会培养出不同的人才，只有坚持正确的教育理念，才能够有效地开展教育管理工作，培养出符合社会需要的人才。概括来说，高等教育管理的理念主要包括以下几个方面。

（一）科学管理的理念

高等教育管理应该遵循科学管理的理念，这是由于科学管理的理念和实践可以有效地提高学生管理工作的效率和质量，促进学生全面发展。以下是一些高等教育管理应遵循的科学管理理念（表1-1）。

表1-1　高等教育管理应遵循的科学管理理念

高等教育管理应遵循的科学管理理念	具体阐述
以学生为中心	高等教育管理应该以学生为中心，注重学生的需求和利益，尊重学生的个性和差异，为学生提供个性化、全方位的服务
系统管理	高等教育管理应该遵循系统管理的理念，将学生管理工作视为一个系统，全面规划、统筹安排、科学管理，实现管理工作的高效率和高质量
强调效率	高等教育管理应该强调效率，注重管理工作的效果和效益，追求管理工作的可持续发展
依靠科技	高等教育管理应该依靠科技，利用现代信息技术和教育技术，建立数字化学生管理系统，提高管理工作的效率和质量
服务育人	高等教育管理应该服务育人，注重学生的成长和发展，通过管理活动提高学生的综合素质和社会责任感，促进学生全面发展
公平公正	高等教育管理应该遵循公平公正的原则，公正、公开、透明地处理各种问题和纠纷，保障每个学生的合法权益
全员参与	高等教育管理应该强调全员参与，全校师生员工都应该参与到学生管理工作中来，共同营造良好的校园文化氛围

（二）人性化管理的理念

高等教育管理应该遵循人性化管理的理念。以下是一些高等教育管理应遵循的人性化管理理念（表1-2）。

表1-2　高等教育管理应遵循的人性化管理理念

高等教育管理应遵循的人性化管理理念	具体阐述
关注学生需求	高等教育管理应该关注学生的需求和利益，尊重学生的个性和差异，为学生提供个性化、全方位的服务
激发学生潜能	高等教育管理应该激发学生的潜能，注重学生的自我发展和自我实现，为学生提供更多的机会和平台，激发学生的创新精神和创造力
营造和谐氛围	高等教育管理应该营造和谐氛围，注重师生之间、学生之间的沟通和理解，增强学生的归属感和凝聚力，营造良好的校园文化氛围
引导学生自律	高等教育管理应该引导学生自律，注重培养学生的自我管理和自我教育能力，帮助学生树立正确的价值观和人生观，形成良好的自我约束和自我管理习惯
重视心理健康	高等教育管理应该重视心理健康，关注学生的心理健康问题，为学生提供心理咨询和辅导服务，帮助学生克服心理困扰，促进学生身心健康发展
实行奖惩并举	高等教育管理应该实行奖惩并举，对优秀的学生给予表彰和奖励，对违纪违规的学生给予批评教育和相应的惩罚，营造良好的校园文化氛围
尊重学生隐私	高等教育管理应该尊重学生隐私，保护学生的个人信息和隐私不受侵犯，为学生提供安全、舒适、稳定的校园环境

（三）依法管理的理念

高等教育管理应该遵循依法管理的理念，以下是一些高等教育管理应遵循的依法管理理念（表1-3）。

表1-3　高等教育管理应遵循的依法管理理念

高等教育管理应遵循的依法管理理念	具体阐述
宪法至上	高等教育管理应该遵循宪法至上的原则，尊重宪法的权威和尊严，遵守宪法所规定的各项义务和权利
法律至上	高等教育管理应该遵循法律至上的原则，严格遵守国家法律法规和学校规章制度，依法保障学生的合法权益
制度管理	高等教育管理应该遵循制度管理的原则，建立健全的管理制度和规章制度，规范管理行为，确保管理工作的规范化和科学化
公开透明	高等教育管理应该遵循公开透明的原则，实行信息公开制度，保障学生的知情权和参与权，实现管理工作的公开、公正和透明
民主参与	高等教育管理应该尊重学生的民主参与权利，鼓励学生参与管理工作，让学生成为管理主体之一，实现管理工作的民主化和科学化
承担社会责任	高等教育管理应该承担社会责任，关注学生的成长和发展，为学生提供符合社会需求和价值观的教育和支持，促进学生全面发展

五、高等教育管理的任务

概括来说，高等教育管理的任务主要包括以下几个方面（图1-3）。

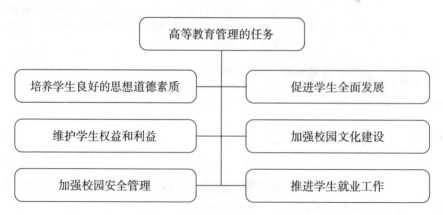

图1-3　高等教育管理的任务

（一）培养学生良好的思想道德素质

在培养学生良好的思想道德素质方面，高等教育管理应该从以下几个方面入手。

1.注重诚信教育

诚信是人的安身立命之本，是管理人员应特别强调的基本品质。管理人员应该通过建立信用制度等手段，引导学生树立诚信观念，培养诚信品质。

2.强调品德教育

管理人员应该通过各种方式，如宣传教育、引导示范等，让学生明确道德规范，强化道德意识，树立道德观念，形成道德品质。

3.推动校园文化建设

校园文化对学生的思想道德素质影响深远。学生管理人员应该通过组织各种文化活动、宣传活动等方式，推动校园文化建设，营造良好的育人环境。

4.加强实践锻炼

实践是检验学生思想道德素质的重要标准。管理人员应该通过组织社会实践、志愿服务等方式，让学生在实践中领悟思想道德素质的重要性，培养良好的行为习惯。

（二）促进学生全面发展

高等教育管理需要关注学生的全面发展，这是高校教育的重要目标。学生的全面发展，是指学生在学业、文化、艺术、体育等方面都能得到均衡的发展和提高。为了促进学生的全面发展，高等教育管理应该从以下几个方面入手。

1.提供丰富的课程选择

管理人员应该根据学生的需求和学科特色开设各类课程，如文化课程、艺术课程、体育课程等，让学生在课程中学到知识和技能。

2.提供多元化的活动选择

管理人员应该根据学生的兴趣和需求组织各类活动，如文艺比赛、运动会、社会实践等，让学生在参与中锻炼自己的能力。

3.营造和谐的校园文化氛围

管理人员应该营造和谐的校园文化氛围，如鼓励学生积极参加社团活动、举办文化讲座等，让学生在文化熏陶中提高自己的素质和修养。

4.搭建全面的服务平台

管理人员应该提供全面的服务平台，如心理咨询、职业规划、考试辅导等，让学生在遇到问题和困难时能够得到及时、有效的帮助和支持。

（三）维护学生权益和利益

高等教育管理需要保障学生的合法权益和利益，同时关注学生的心理健康和精神文化需求，这是高校教育的重要职责。具体来说，高等教育管理需要在以下几个方面加强工作。

第一，关注学生的心理健康和精神文化需求，建立心理咨询中心和心理援助机制，为学生提供心理咨询服务，解决各种心理问题和困境，同时加强心理健康教育，培养学生健康的心理品质。

第二，加强学费、住宿费、生活补贴等方面的管理，确保收费合理、费用收取透明公正，同时建立完善的学生资助体系，为家庭经济困难的学生提供资助和生活补贴，保障他们的学习权益。

第三，加强对学生会、社团等学生组织的管理和引导，推动学生自治和自我管理，发挥学生在管理过程中的作用，同时积极组织各类文化活动、社团活动等，满足学生在文化方面的需求。

第四，加强安全管理和应急处置管理，确保学生在校期间的人身安全和财产安全，同时建立健全应急处置机制，以应对各类突发事件和灾害。

（四）加强校园文化建设

校园文化是高校的灵魂和血脉，是高校发展的精神支柱和动力源泉，也是高等教育管理和服务的重要方面。具体来说，高等教育管理可以从以下几个方面推动校园文化建设。

1.积极组织各类文化活动

管理人员可以通过组织文化讲座、文艺比赛、展览、音乐会等活动，丰富学生的课余生活，提升他们的文化素养和审美能力。

2.加强校园环境文化建设

管理人员应该加强校园环境文化建设，打造优美的校园环境，如建设文化广场、花园、走廊等，让学生在优美的环境中受到文化的熏陶和滋养。

3.建立文化平台和交流机制

管理人员可以建立文化平台和交流机制，如文化社团、文化交流项目等，促进校内外文化的交流和融合，让学生在文化交流中拓宽视野、提升素养。

（五）加强校园安全管理

高等教育管理需要保障学生的安全和健康，加强校园安全管理。通过制定相关的安全管理制度和措施，建立安全预警机制，增强师生的安全意识和防范能力。

（六）推进学生就业工作

高等教育管理需要关注学生的就业需求和发展，提供相关的就业指导和服务。通过开展各种形式的招聘会、讲座、职业规划课程等，帮助学生了解就业政策和就业市场情况，提高他们的就业竞争力。

六、高等教育管理的发展趋势

高等教育管理的发展趋势主要包括以下几个方面（图1-4）。

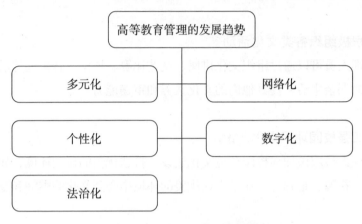

图1-4　高等教育管理的发展趋势

（一）多元化

随着社会的多元化发展，高校学生的思想观念、价值观念和行为方式也越来越多元化。因此，高等教育管理工作也必须多元化，采用更加开放、包容的管理方式，尊重学生的个性和差异，促进学生的全面发展。

（二）网络化

随着互联网的普及，高等教育管理工作也逐渐网络化。学生可以通过各种在线平台，如微信公众号、班级微信群、网上校园等，获取学校最新的通知、资讯，参与学校的各种活动，与老师、同学进行交流。因此，高等教育管理工作也必须不断适应网络化的发展趋势，提高网络管理的效率和质量。

（三）个性化

随着教育的个性化趋势，高等教育管理工作也必须更加个性化。学校应根据学生的不同需求和特点，采用个性化的管理方式，为学生提供更加贴近实际的服务，提高学生的满意度和归属感。

（四）数字化

随着信息技术的发展，高等教育管理工作也必须数字化。学校可以通过数字化技术，如大数据分析、人工智能等，提高学生管理工作的效率和质量，为学生提供更加便捷、智能的服务。

（五）法治化

随着法治建设的不断完善，高等教育管理工作也必须法治化。学校应该遵守国家法律法规，制定符合国家法律法规和学校实际情况的管理制度，保障学生的合法权益，维护学校的稳定和安全。

第二节　高等教育管理的原则与方法

一、高等教育管理的原则

高等教育管理要想取得成效，必须遵循正确的管理原则。概括来说，高等教育管理的原则主要包括以下几个方面（图1-5）。

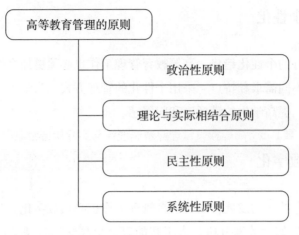

图1-5　高等教育管理的原则

（一）政治性原则

高等教育管理应遵循政治性原则，指的是在学生管理过程中应当遵循一定的政治标准和规范，坚持正确的政治方向，服从党和国家的政治领导，维护国家和社会的稳定和发展。具体来说，高等教育管理中的政治性原则包括以下几个方面（表1-4）。

表1-4　高等教育管理中的政治性原则

高等教育管理中的政治性原则	具体阐述
坚持社会主义道路	高等教育管理应当坚持社会主义的发展方向，采取社会主义的政治、经济和文化政策，维护国家的统一和稳定
坚持人民民主专政	高等教育管理应坚持人民民主专政，尊重和保障人民的权利和利益，建立和完善社会主义的民主制度和法治体系
坚持中国共产党的领导	高等教育管理必须坚持中国共产党的领导，贯彻落实党的教育方针和政策，加强党对学生管理工作的领导和指导。高等教育管理坚持中国共产党的领导，有利于加强党对学生管理工作的领导和指导，确保学生管理工作的正确方向，有利于发挥党组织的政治优势和组织优势，推动学生管理工作不断取得新的进展和成效

（二）理论与实际相结合原则

高等教育管理应遵循理论与实际相结合原则，必须做好以下几个方面的工作（表1-5）。

表1-5 高等教育管理应遵循理论与实际相结合原则

高等教育管理应遵循理论与实际相结合原则	具体阐述
学习和掌握相关理论知识	高等教育管理工作人员应当加强学习和掌握相关的学生管理理论知识，了解学生的身心特点、发展规律和需求，熟悉相关政策法规，提高自身的管理水平和综合素质
实践与创新相结合	高等教育管理工作人员应当在实践中不断总结经验，创新工作方式和方法，将理论知识运用到实际工作中，提高管理工作的科学性和有效性
与学生沟通交流	高等教育管理工作人员应当加强与学生的沟通交流，了解学生的诉求和反馈，及时解决问题，获得学生的信任和支持，提高管理工作的效果
加强自身修养和职业道德建设	高等教育管理工作人员应当加强自身修养和职业道德建设，树立服务意识和责任意识，以身作则，做好学生管理工作
综合运用多种管理方法	高等教育管理工作人员应当综合运用多种管理方法，如思想政治教育、纪律处分、奖励激励等，提高管理工作的效果和水平

（三）民主性原则

高等教育管理应遵循民主性原则，指的是在学生管理过程中应当遵循民主、公开、公正的原则。民主性原则是高等教育管理工作必须遵循的重要原则，这是由高校的教育属性和培养任务决定的。在高等教育管理中，民主性原则包括以下几个方面（表1-6）。

表1-6　高等教育管理的民主性原则

高等教育管理的民主性原则	具体阐述
学生参与管理	高等教育管理应当尊重学生的主体地位，鼓励和引导学生参与学生管理活动，如学生会、班级管理等，让学生成为学生管理的主体，增强学生的参与感和责任感
公开透明	高等教育管理应当坚持公开透明的原则，将学生管理的政策、措施、程序等信息及时公开，让学生了解相关政策和规定，获得学生的信任和支持，提高管理工作的效果
民主决策	高等教育管理应当建立民主决策机制，听取学生代表的意见和建议，使决策更加科学和公正，增强学生的认同感和归属感
保护学生权益	高等教育管理应当保护学生的权益，如制订规章制度时应当充分听取学生的意见和建议，保障学生的合法权益，增强学生的参与感和归属感

（四）系统性原则

高等教育管理应遵循系统性原则，指的是在学生管理过程中，应当从整体上构建学生管理的系统模型和综合模块，实现学生管理的整体优化和协调发展。具体来说，在高等教育管理中应满足以下几个方面的要求。

第一，高等教育管理应当注重各个环节和要素之间的相互联系和相互作用，实现学生管理的全面覆盖和全过程控制。

第二，高等教育管理应当从整体上构建学生管理的系统模型和综合模块，实现学生管理的整体优化和协调发展。

第三，高等教育管理应当关注学生的全面发展，注重培养学生的综合素质和能力，不仅是学习成绩的提高，还包括思想品德、文化素养、社会责任等方面的发展。

二、高等教育管理的方法

高等教育管理的具体方法有很多，可以根据不同的情况和需求进行选择和运用。以下是一些常见的高等教育管理的方法（图1-6）。

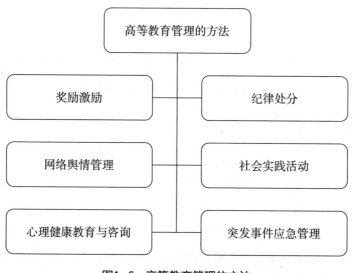

图1-6 高等教育管理的方法

（一）奖励激励

奖励激励是高等教育管理的有效方法之一，在实施奖励激励时，应当注意以下几点。

第一，公平、公正、公开。在设置奖励措施时，应当遵循公平、公正、公开的原则，对所有符合条件的学生一视同仁，不偏袒、不歧视，确保奖励措施的公正性和透明度。

第二，及时、适度。在设置奖励措施时，应当及时、适度，根据学生的表现和学校的实际情况，适时调整奖励措施，鼓励学生继续保持优秀表现，同时也避免因过度奖励导致学生骄傲。

第三，与学生表现相匹配。奖励措施应当与学生的表现相匹配，对表现出色的学生给予高的奖励，对表现差强人意的学生给予少的奖励，确保奖励措施的有效性和针对性。

第四，与学生的个人发展规划相结合。在设置奖励措施时，应当考虑学生的个人发展规划，为学生提供更多的发展机会和选择，使得奖励激励不仅仅是为了鼓励学生刻苦学习、积极进取，同时也为学生的未来发展提供更多的支持和帮助。

第五，与其他激励措施相结合。在实施奖励激励时，应当与其他激励措施相结合，如表现优秀的学生可以获得更多的荣誉称号和资源支持，这样可以起到相互促进的作用，使得奖励激励的效果更加显著。

（二）纪律处分

纪律处分是高等教育管理的必要手段之一，是对学生不良行为的惩戒和教育。在实施纪律处分时，应当注意以下几点。

第一，程序正当，权责明确。在实施纪律处分时，应当严格按照规定程序进行操作，确保程序正当、权责明确，避免出现误判、错判等情况。

第二，事实清楚，证据确凿。在进行纪律处分前，应当仔细调查和收集证据，确保所涉及的问题和事实清楚明确，证据确凿可靠，避免出现冤假错案。

第三，尊重学生权益，注重教育引导。在实施纪律处分时，应当尊重学生的权益和尊严，注重教育引导，对学生进行耐心细致的说服教育，帮助学生正确对待错误，认识到自己的不良行为所带来的后果，并引导其及时改正。

第四，公开透明，及时公示。在实施纪律处分时，应当公开透明，及时公示处分决定，让学生了解自己的违纪事实和处分决定，增强对处分决定的认同感和信任度，促进学校管理的健康发展。

总之，在实施纪律处分时，应当坚持公平、公正、公开的原则，严格按照规定程序进行操作，同时注重对学生的关心和帮助，引导学生正确对待错误，及时改正，切实维护学生的合法权益和尊严，推进学校管理工作的科学化和规范化。

（三）网络舆情管理

在实施网络舆情管理时，应当注意以下几点。

第一，建立网络舆情监测机制。一定要高度重视大学生在网络上发表的言论和表达的观点，因为大学生是国之未来，他们的茁壮成长关系到国家的大繁荣大发展，关系到中华民族伟大复兴。学校可以建立专门的网站，让大学生关注学校官方网站，通过多种渠道了解学生的所思所想，还可以让学生提出宝贵的意见和建议。学校也可以针对学生热衷于网络交流的特点，建立专门的论坛，让学生自由发言，看到学生有不良的苗头，及时把问题消灭在萌芽状态。学校还可以专门设立网络监管部门，由专门的人员负责监测大学生思想动态，及时发现问题，解决问题。

第二，加强网络信息管理。学校应当加强网络信息管理，建立健全的网络信息管理制度和规范，对学生在网络上发表的言论和表达的观点进行审核和管理，防止不良信息的传播和扩散。

第三，提升学生的网络素养。学校应当培养学生的网络素养，培养学生正确使用网络的能力和习惯，引导学生理性对待网络舆情，增强学生对网络信息的甄别和判断能力。

第四，引导学生正确使用网络。学校应当引导学生正确使用网络，教育学生遵守网络道德规范，不传播不良信息，不参与网络暴力和欺诈行为，保护自己的合法权益和网络安全稳定。

第五，加强与家长的沟通。学校应当加强与家长的沟通，了解学生在家庭生活中的情况和需求，引导家长关注并帮助学生解决在网络上出现的问题和困扰，形成家校合作的良好氛围。

（四）社会实践活动

社会实践活动是高等教育管理的有效途径之一，在组织学生参加社会实践活动时应当注意以下几点。

第一，明确目的和任务。在组织学生参加社会实践活动前，应当明确活动的目的和任务，使学生能够充分了解活动的内容和要求，做好相应的准备工作。

第二，选择适当的活动。根据学生的年龄、专业和兴趣爱好等因素，选择适当的社会实践活动，确保活动具有针对性和实效性。

第三，加强组织和管理。在社会实践活动过程中，应当加强组织和管理，确保活动安全、顺利进行，避免出现安全事故和管理混乱。

第四，做好评价和总结。在社会实践活动结束后，应当及时进行评价和总结，了解活动的效果和不足之处，为今后的活动提供经验。

第五，注重学生的参与和体验。在社会实践活动中，应当注重学生的参与和体验，使学生能够真正参与到实践活动中，感受到实践活动的意义和价值。

第六，与其他教育形式相结合。在开展社会实践活动时，可以与其他教育形式相结合，如思想政治教育、课堂教学等，达到综合性、全面性的教育效果。

（五）心理健康教育与咨询

心理健康教育与咨询是高等教育管理的重要内容之一，在实施心理健康教育与咨询时，应当注意以下几点。

第一，专业化、个性化。心理健康教育与咨询应当注重专业化、个性化，根据不同学生的心理问题和需求，提供相应的咨询和教育服务，帮助学生解决个性化的心理问题。

第二，全面覆盖，重点关注。在设置心理健康教育与咨询计划时，应当全面覆盖学生群体，尤其是关注心理健康问题较为突出的学生，给予他们更多的关注和帮助。

第三，积极引导，预防为主。在开展心理健康教育与咨询时，应当积极引导学生正确对待心理问题，预防心理问题的发生，而不是等到心理问题发生后才进行干预和处置。

第四，及时干预，避免扩大化。在发现学生存在心理问题时，应当及时进行干预和处置，避免问题扩大化和升级，同时也应当注意干预的方式和方法，确保学生的身心健康不受影响。

第五，家校合作，共同促进。在开展心理健康教育与咨询时，应当注重与家长的沟通和合作，共同促进学生的身心健康发展，形成家校合作的良好氛围。

（六）突发事件应急管理

可以通过制定应急预案、加强应急演练等方式，提高学生应对突发事件的能力和应急处置的水平。在实施突发事件应急管理时，应当注意以下几点。

第一，制定应急预案。学校制定应急预案非常必要，可以确保在突发事件中能够迅速、有序和有效地应对和处理。建立应急领导小组和工作小组，明确各自的职责和任务，形成高效的应急指挥和管理体系。对各个应急岗位和部门进行明确的职责分工，确保在应急响应过程中能够各司其职、各尽其责。明确应急物资、装备、人力和信息技术等资源的配置和管理要求，确保在应急响应中能够及时调配和共享资源。学校应当定期组织应急演练和培训，提高应急管理和应急处置的能力和水平，确保在突发事件发生时能够迅速、有效地进行应急处置。此外，学校还应针对不同类型突发事件制定相应的应急响应流程，明确处置措施、应急联动和信息报告等方面的要求。

第二，加强应急演练。学校应当加强应急演练，提高学生应对突发事件的能力和应急处置的水平。演练应当具有针对性和实效性，模拟真实的突发事件场景，让学生熟悉应急处置的流程和技能。

第三，提高学生的自救自护能力。学校应当把加强学生的自救自护教育作为一项重要的教学内容，通过开展知识讲座、技能培训和实战演练等活动，让学生掌握自救自护的知识和技能，提高安全意识和自我保护能力，确保在突发事件发生时能够正确、迅速地进行自救自护。

第四，保障学生的身心健康。在开展应急管理工作的过程中，学校应当关注学生的身心健康，及时疏导和解决学生在应急管理过程中出现的心理问题，确保学生的身心健康。

第五，加强信息公开和沟通。学校应当加强信息公开和沟通，及时公开突发事件的相关信息，回应学生和家长的关切，增强信息透明度和公信力，促进校园和谐稳定。

第三节   高等教育管理的体制

一、高等教育管理体制的概念

高等教育的管理体制可分为宏观管理体制和微观管理体制。宏观管理体制，就是一个国家在高等教育管理行为活动中，国家层面和省级政府高校管理的职责、权力和利益关系；微观管理体制，就是高等学校内各管理层之间的职责、权力和利益关系，或高等学校内部各部分的比例关系和组合方式。[①]

二、高等教育管理体制的功能

高等教育管理体制具有显著的功能，概括来说主要包括以下几个方面（图1-7）。

---

① 曲木铁西，夏仕武.少数民族高等教育导论[M].北京：民族出版社，2013.

图1-7 高等教育管理体制的功能

（一）权力分配的功能

高等教育管理体系主要涉及处理中央和地方的关系、教育行政部门与学校之间的关系。这些关系归根结底是权力和利益的相互影响。通过建立适当的教育管理体系，参与教育活动的各方能够按照一定的规则进行互动，明确各自的权利和责任，以保障教育活动的顺畅进行。

（二）分工协作的功能

在高等教育管理体制中，需要将各项任务按照性质、范围、时段等进行划分，明确各个部门和岗位的职责和权利，让各个部门能够各司其职、互相协作。只有在明确的分工和协作下，才能够让高等教育管理工作的各个环节得以顺畅运转，保证高等教育质量的稳定和提高。

同时，在分工和协作的基础上，还需要建立有效的沟通机制，促进各个部门之间的信息共享和交流，避免信息不对称和重复工作的情况出现。通过有效的沟通协作，可以减少管理成本，提高工作效率，增强组织凝聚力和竞争力。

（三）提高效率的功能

在高等教育管理体制中，提高效率的方法有很多种。首先，可以通过优化管理流程和程序，减少不必要的环节和重复性工作，提高管理工作的效率和质量。其次，可以借助现代化的信息技术手段，如数字化校园、智慧校园等，提高管理信息的收集、处理和反馈效率。此外，还可以通过制定科学合理的管理制度和规范，明确各项工作的流程，降低管理成本，提高管理效率。

除了以上方法外，还可以通过加强人员培训和管理，提高管理人员的专业素质和管理能力。同时，在管理过程中，还需要注重反馈和评估，及时发现和解决问题，不断优化和改进管理流程和方法，进一步提高管理效率。

总之，提高效率是高等教育管理体制的重要功能之一，只有不断提高管理效率，才能够更好地实现高等教育的目标，推动高等教育事业的持续发展。

三、高等教育管理体制的模式

高等教育管理体制主要有以下几种模式（图1-8）。

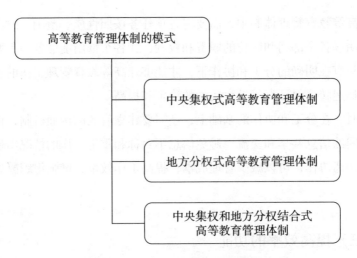

图1-8　高等教育管理体制的模式

（一）中央集权式高等教育管理体制

中央集权式高等教育管理体制实行的是一种完全由国家来管理高等教育的制度，中央政府通过一定的法律、监督、计划拨款、行政命令和手段来直接调节高等教育活动的管理体制。在这种模式中，政府和高校之间是一种完全的上下级关系，一切权力集中在中央政府，高校由中央政府管理，但资金来自政府的不同部门。少数归教育部管理，大多分属其他部门。因此，高校必须向政府承担应有的责任，在利益的关系上，国家作为社会各个利益集团的代表，统筹高等教育的宏观管理活动，履行全面的职责。

这种模式在某些方面可以收到很好的效果，如：有利于集中力量办大事，办成事；有利于提高人才培养的质量；有利于增强学校师生员工的凝聚力，激发爱国热情；有利于保证国家安全和政治稳定；有利于学校的学科建设和专业布局；有利于提高高等学校的办学效益；有利于调动广大师生员工的积极性、主动性和创造性；有利于学校的改革、发展和稳定。

但是，这种模式也存在一些明显的弊端，主要表现在以下几个方面。

第一，束缚了高等学校的手脚，难以激发高等学校师生员工的办学积极性、主动性和创造性，难以发挥高等学校办学的优势和潜力。

第二，中央政府包揽了高等学校的大部分事务，就难以避免高等教育管理过程中人治管理、权力过分集中、办事效率低下、腐败现象滋生的弊端。

第三，中央政府包揽了高等学校的大部分事务，就难以避免高等学校办学缺乏活力和竞争力、缺乏办学自主权的弊端。

第四，中央政府包揽了高等学校的大部分事务，就难以避免高等教育资源浪费、办学效益低下、教育经费不足的弊端。

（二）地方分权式高等教育管理体制

地方分权式高等教育管理体制是指高等教育的决策、财政拨款、评估监督等职能由地方政府和利益集团来行使，而中央政府的职能则主要在资助、间接指导及信息服务等方面。在这种管理体制之下，高等学校在地方政府的宏观管理和协调下依法独立办学。这种管理体制有利于调动地方政府的积极性，但可能存在地方政府对高等学校的干预过多，以及追求局部利益等问题。

地方分权式高等教育管理体制的优点包括以下几个方面。

第一，地方政府和利益集团对高等教育的管理和决策更符合当地的需求和实际情况，有利于高等教育与地方经济、社会的紧密结合。

第二，地方政府和利益集团对高等教育的投入和管理更具有针对性和有效性，有利于提高高等教育的办学效益。

第三，地方分权式高等教育管理体制有利于调动地方政府和利益集团对高等教育办学的积极性和主动性，有利于促进高等教育的多元化和特色化发展。

地方分权式高等教育管理体制的缺点包括以下几个方面。

第一，如果地方政府和利益集团的管理和决策不当，可能会导致高等教育办学质量的下降和办学资源的浪费。

第二，如果中央政府对高等教育的管理和指导不足，可能会导致高等教育办学方向和办学目标的偏离。

第三，如果地方政府的财政投入和管理不当，可能会导致高等学校之间的差距拉大，不利于高等教育的均衡发展。

总之，地方分权式高等教育管理体制具有一定的优点和缺点，需要中央政府和地方政府以及利益集团在高等教育管理过程中相互协调，共同促进高等教育的发展。

（三）中央集权和地方分权结合式高等教育管理体制

中央集权和地方分权结合式高等教育管理体制是一种由中央和地方政府或政府与高等学校共同承担高等教育管理职能的管理体制。这种管理体制体现了国家、地方政府和高校分别享有高等教育的管理权力，在各自不同层次行使各自的职能，且满足各方利益需要的宏观管理特征。但是，这种管理体制需要诸多因素的协调与配合，因此实行起来不太容易。

第二章　高等教育的教学管理研究

新时代的高校教学管理要以培养高素质人才为目标，通过科学的方法和手段，对高校的教学工作进行科学组织、指导和监控。在这一过程中，高校管理者需要充分考虑教师、学生、课程等各个方面的因素，为提高教学质量和教学效率做出积极的努力。

第一节　教学管理的内涵

一、教学管理的概念

教学管理是运用管理科学和教学论的原理与方法，充分发挥计划、组织、协调、控制等管理职能，对教学过程中各要素加以统筹，使之有序运行、提高效能的过程。教学管理旨在确保教学的有效和高效，促进学生的学习和发展。

二、教学管理的任务

教学管理的任务主要包括以下几个方面（图2-1）。

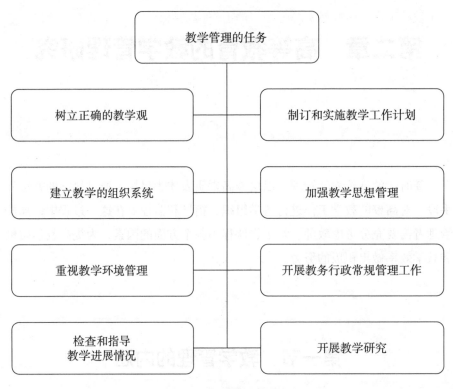

图2-1　教学管理的任务

（一）树立正确的教学观

教学观是指对教学目的、教学方法、教学内容等基本教学问题的认识和看法。如果教学观不正确，将会影响教学内容和教学方法的选择，进而影响学生的学习效果和全面发展。因此，教学管理者需要树立正确的教学观，重视教学质量。

（二）制订和实施教学工作计划

教学工作计划是学校为实现教学目标而制订的一定时期内的教学工作规划和安排。教学工作计划包括教学目标的确定、教学内容和方法的安排、教学资源的配置等方面。通过制订和实施教学工作计划，教学管理者可以统筹安排教学工作，协调各个教学部门的工作，以确保教学工作的有序进行，提高教学质量和效率。

（三）建立教学的组织系统

教学的组织系统是学校为了实现教学目标而建立的教学管理机构和规章制度。教学管理者需要建立教学的组织系统，明确各个教学部门的职责和权限，制定教学管理的规章制度和流程，确保教学工作的有序进行。同时，教学管理者还需要对教学人员进行管理和培训，提高教学人员的专业素养和教学能力，以促进学校教学的不断改进。

（四）加强教学思想管理

教学思想是指导教学工作的基本思想和理念。教学管理者需要加强对教学思想的管理，注重学生的主体地位和全面发展，以促进学校教学的不断改进。教学管理者还需要加强对教师教学思想的管理，引导教师树立正确的教学观念和教育思想。

（五）重视教学环境管理

教学环境是影响教学工作的重要因素，包括教学设施、校园文化、师生关系等方面。教学管理者需要重视教学环境的管理，营造良好的教学环境和氛围，为学生的学习和发展提供支持和保障。教学管理者还需要加强对教学设施的管理和维护，确保教学设施的完备和安全。同时，教学管理者还需要注重校园文化建设，营造良好的校园文化氛围，促进师生关系的和谐。

（六）开展教务行政常规管理工作

教务行政常规管理工作包括学籍管理、课程设置、教学计划制订、教师管理、考试管理、教材管理等方面。教学管理者需要开展教务行政常规管理工作，确保教学工作的有序进行和教学质量的不断提高。例如：教学管理者需要制订教学计划，明确教学目标和教学内容，确保教学的系统性和科学性；同时还需要管理学生的学籍，掌握学生的学习情况，为学生的学习提供必要的支持和帮助。

（七）检查和指导教学进展情况

教学管理者需要定期检查和指导教学进展情况，了解教师的教学情况、学生的学习情况以及教学资源的配置情况等。通过对教学进展情况的了解，教学管理者可以及时发现问题并采取措施加以解决，确保教学工作的顺利进行和教学质量的不断提高。同时，教学管理者还可以为教师提供指导和帮助，协助教师解决教学中的问题和困难。

（八）开展教学研究

教学研究是为了提高教学质量和教学效果而进行的研究活动，包括对教学方法、教学内容、评价体系等方面进行研究。教学管理者需要积极开展教学研究，引导教师关注教学中的问题，通过研究寻求解决方案，不断提高教学质量和效果。同时，教学管理者还需要支持教师进行教学研究，促进教师的专业发展和教学质量的提高。通过开展教学研究，教学管理者可以推动教学的创新和发展。

三、教学管理的基本原则

教学管理的基本原则主要包括以下几个方面（图2-2）。

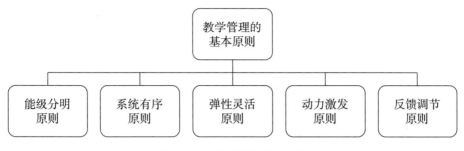

图2-2　教学管理的基本原则

（一）能级分明原则

能级分明原则是指在一个组织或系统中，应根据各要素的能量大小将其分级，并将不同级别的要素置于相应的能级岗位中。这一原则要求管理者明确各管理要素和手段的能量大小，制定每个能级岗位的行动规范和操作标准，以建立稳定的管理结构，确保系统整体目标的实现。能级分明原则的应用可以体现在以下几个方面。

1.组织机构的设置

组织机构的设置应当按照能级分明原则，将不同的部门、岗位按照其能量大小进行分级，并置于相应的能级岗位中。这样有利于组织结构的稳定性和有效性。

2.人员配置

在人员配置方面，应根据每个人的能力、素质、经验和知识等因素进行分级，并将其安排在相应的能级岗位中。这样可以充分发挥每个人的优势，提高工作效率和质量。

3.资源分配

在资源分配方面，应根据不同能级岗位的需求进行合理分配，确保各岗位能够顺利完成工作任务。同时，也要制定每个能级岗位的资源分配方案，以避免资源的浪费和滥用。

4.管理标准的制定

能级分明原则还为管理标准的制订提供了指导。管理者应当根据不同能级岗位的特点和要求，制定相应的管理标准和规范，以确保各岗位能够按照统一的标准进行操作和管理。

（二）系统有序原则

教学管理的系统有序原则是根据管理学中的系统性原理提出的。系统性原理强调了管理对象领域中系统与环境、要素与要素之间的必然联系。教学管理对象领域也是一个系统，包括相互作用的各个要素，执行特定的功能，达到特定的目的。因此，教学管理应该遵循系统性原理的相关属性，如相关性、结构性、整体性和目的性等，以实现系统有序的管理。

（三）弹性灵活原则

教学管理工作中遇到的问题往往错综复杂，而且随着内部和外部环境的变化而不断变化。因此，在制订和实施教学管理决策时，必须保持一定的弹性，以确保决策能够适应变化并保持教学管理系统的平衡。只有这样，才能实现和达成既定的目标。为了实现这一目标，教学管理者需要采取一些灵活的管理策略和方法。

1.制订弹性的计划

教学管理者应该制订具有弹性的计划，以适应变化和不确定性。计划应该具有一定的灵活性，可以调整和修改，以确保教学管理系统能够在动态变化中保持平衡。

2.加强沟通与协调

教学管理者应该加强与教师、学生和其他相关人员的沟通与协调。通过有效的沟通，可以更好地了解教学管理系统的变化和需求，及时调整决策和措施，以确保教学管理系统的平衡和适应机制。

3.建立反馈机制

教学管理者应该建立有效的反馈机制，及时收集和整理教学管理系统的信息，并根据反馈进行调整和改进。这有助于确保教学管理系统在动态运行中保持平衡。

（四）动力激发原则

行为主义理论认为，人的积极性或者行为动力通常来自人类的三大基本需要：物质需要、精神需要和信息需要。在教育管理中，要调动教师的积极性，就需要充分地激发广大教师的物质动力、精神动力和信息动力。

1.物质动力

物质需要是人类的基本需要之一，因此在激发教师的积极性时，给予物质奖励是一种有效的方式。例如，提高教师的工资待遇、为教师提供更好的工作环境等，都可以满足教师的物质需要，从而激发他们的积极性。

2.精神动力

对于教师来说，得到学生的尊重、获得同事的认可、得到学校的表彰等都可以满足他们的精神需要，从而激发他们的积极性。因此，学校管理者应该通过各种方式如表彰先进、树立榜样等来满足教师的精神需要，激发他们的积极性。

3.信息动力

在教育管理中，如果教师能够及时地获取有价值的信息，如学生和同事的评价、教学成果的反馈等，就可以更好地了解自己的工作表现，发现自己的不足之处，从而提高工作积极性。因此，学校管理者应该通过各种方式如教学评估、教学反馈等来满足教师的信息需要，激发他们的积极性。

（五）反馈调节原则

反馈调节原则是教学管理活动中非常重要的一条原则，它强调在管理过程中要及时获取执行情况的信息，并根据这些信息进行必要的调整和修正，以确保教学管理的有效性和高效性。

在教学管理反馈机制中，信息指令中心需要对输出的指令信息的执行情况进行再回收，从而了解教学活动的实际情况，并根据这些信息进行协调和控制。这种反馈机制可以及时发现和解决问题，为教学管理提供决策支持，同时也可以提高教学质量和效果。

为了真正贯彻反馈调节原则，教学管理反馈机制需要具备以下特点。

第一，反馈信息需要及时获取并及时处理，以便快速发现问题并进行调整。

第二，反馈信息需要准确反映教学活动的实际情况，以便进行正确的决策。

第三，反馈信息需要涵盖教学活动的各个方面，包括教师、学生、课程、环境等，以便全面了解教学情况。

第四，反馈调节需要根据反馈信息进行具体的操作，因此反馈信息需要具有可操作性，能够指导具体的行动。

四、教学管理的规律

（一）教学管理过程由四个基本环节构成

教学管理过程主要由计划、实行、检查、总结等四个基本环节所构成。

计划是教学管理过程的起始环节。它主要基于对学校教育教学目标和要求的理解，以及对实际情况的调查和分析，制订出具体可行的计划，为后续的实行、检查和总结提供指导和依据。

实行是教学管理过程的中心环节。它主要是根据计划所确定的各项任务和要求，通过具体的行动和实施达成计划的目标。实行的过程需要遵循计划的要求，注重执行的效果和效率。

检查是教学管理过程中必不可少的一个中间环节。它主要是通过对实行的过程和结果进行检查、监督和评估，及时发现问题和不足，调整和改进工作计划和实施方案，确保教学管理活动的顺利进行。

总结是上一轮管理周期的终结环节与新一轮管理周期的准备环节。它主要是对教学管理活动的成果和经验进行总结、分析和评价，为下一轮教学管理活动提供经验和参考。同时，总结也是对教学管理过程的一种反馈，可以促进教学管理的不断改进和提高。

以上环节在教学管理过程中发挥着不同的作用，且相互衔接、相互促进，构成了教学管理活动的基本运动规律。这种运动规律的不断循环推动着教学管理活动的不断发展和进步，为提高学校教育教学质量和水平提供了有力的保障。

（二）教学管理活动与社会经济、政治和文化相适应

教学管理活动是对学校教育事业的管理，必然会受到特定社会的经济、政治与文化的制约。这是因为学校教育作为社会系统的一部分，与社会经济、政治和文化等各个方面都有着密切的联系。

首先，经济因素对教学管理活动具有重要的影响。一个社会的经济发展水平决定了其对教育投入的规模和程度，也影响着教育资源的配置和教育结构的变化。因此，教学管理活动的规划、组织、协调和控制都需要与经济发展的水平和要求相适应。

其次，政治因素也对教学管理活动产生制约。一个社会的政治制度、教育政策和法律法规等都会对教学管理活动产生直接或间接的影响。教学管理活动需要遵循社会的政治原则和法律规范，与政治制度相适应，同时也需要积极反映社会发展的政治要求，培养符合社会需要的人才。

最后，文化因素也对教学管理活动具有重要的影响。一个社会的文化传统、价值观念和教育观念等都会对教学管理活动产生影响。教学管理活动需要尊重和传承本民族的文化传统，同时也需要吸收和融合其他文化的优秀元

素，构建适应时代发展的文化环境。

（三）教学管理活动始终贯穿"以人为本"的教育思想

在教学管理过程中，人的因素是最为重要的因素。教学管理者需要尊重教师和学生的主体地位，关注他们的需求和利益，充分挖掘他们的潜力，调动他们的积极性，使他们能够充分发挥自己的作用，实现自我管理和自我发展。

教学管理不仅关注知识的传授，更关注人的全面发展，包括知识、能力、素质等多个方面。教学管理者需要制定全面发展的教育方针，构建科学的课程体系和评价体系，提供多样化的教育方式和资源，促进学生在知识、能力、素质等方面的全面发展。

五、教学管理的意义

教学管理的意义主要包括以下几个方面（图2-3）。

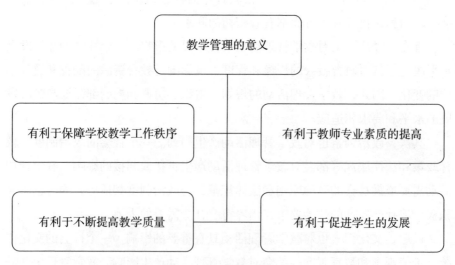

图2-3　教学管理的意义

（一）有利于保障学校教学工作秩序

学校教学管理在和谐有序的社会大背景下对保障学校教学工作秩序非常重要。通过科学的管理，可以使教学工作有条不紊、井然有序地运行，提高教学质量和效率，促进学校各项工作的顺利开展。具体来说，主要表现在以下几个方面。

1.确保教学计划的有序实施

学校教学管理可以制订教学计划，规定课程设置、教学进度和考试安排等，确保教学工作的有序进行。这有助于避免教学混乱和教学事故发生，维护学校的教学秩序。

2.提高教学质量

学校教学管理通过听课与评课、考试成绩分析、学生评教等方式对教学质量进行评估和监控，及时发现和解决问题，提高教学质量和效果。良好的教学效果可以提升学生的学习动力和兴趣，提高学生的学习成绩，进一步促进学校教学工作的有序进行。

3.促进教师专业发展

学校教学管理可以为教师提供培训和发展机会，提高教师的专业水平和教学能力，帮助教师更好地应对复杂的教学工作，提高教学效率和质量。

4.营造良好的教学氛围

学校教学管理可以通过有效的人际管理，建立和谐愉悦的人际关系，创造一个良好的工作氛围。这有助于提高教师的工作积极性和学生的学习积极性，促进学校教学工作的有序进行。

（二）有利于教师专业素质的提高

严格的教学管理对教师提出的要求可以促使教师不断提高自己的专业

素质，以适应教学管理的需要。这是因为在教学管理中，通常会设定一些标准化的教学要求和评估指标，如教学计划、课程设置、教学进度、考试成绩分析等。这些要求和指标可以帮助教师更好地理解和掌握教学规律，提高教学质量和效果。同时，教学管理也会提供一定的培训和发展机会，鼓励教师参加各种教研活动和研究项目，以便教师在实践中不断探索、学习和进步。这些实践机会可以让教师不断积累经验，提高自己的专业水平和业务能力。

（三）有利于不断提高教学质量

教学质量是多种因素共同作用的结果，其中包括教师素质、教学方法和手段、学生学习能力以及教学管理等。教学管理在这些因素中起着至关重要的作用，通过科学的管理，可以提高教学质量和效果。

教学管理不仅包含制订教学计划、教学要求，还包含监督教学过程，确保教学工作的有序进行。科学的教学管理可以及时发现和解决问题，进而提高教学质量和效果。

此外，教学管理还会提供一定的培训和发展机会，帮助教师提高专业水平和教学能力，从而提高教学质量。教学管理还会建立良好的人际关系，营造一种和谐愉悦的工作氛围，提升教师的工作积极性，进一步促进教学质量的提高。

（四）有利于促进学生的发展

教学是一种双向互动的过程，需要学生的学与教师的教相互作用。这种互动不是自发形成的，而是需要通过学校管理者的精心设计与安排来实现。

学校管理者在教学管理中起到非常重要的作用。他们需要为教学工作的顺利进行提供各种必需的资源，如教学设施、师资力量等，以确保教学工作的高效进行。同时，学校管理者还需要制订合理的教学计划和教学要求，对教学过程进行监督和评估，及时发现和解决问题，以确保教学质量和效果。

在教学管理中，学校管理者还需要注重学生的个性发展和创新能力培养，为他们提供多样化的课程和活动，满足不同学生的需求和兴趣，为学生提供有利于他们发展的环境空间。

第二节　高等教育学分制教学管理

一、高等教育学分制教学管理的理念

（一）树立以学生为本的教学理念

实施学分制教学可以突出学生的个性发展，并且能够充分调动学生的积极性和主动性，从而发掘他们各方面的才能。传统的高校教学管理过于强调计划的高度统一性，忽视了学生的个性发展。学分制的发展为学生提供了对课程和教师进行选择的相对自主的权利，这也是对学生自我发展的一种尊重和支持。在高校教学管理的工作中，高校管理者和高校教师都应该尊重学生的自主选择，并树立以学生为本的教学理念。为了实现这一目标，可以采取以下措施。

1.提供多样化的课程

高校应该设计多种类型的课程，涵盖不同的学科领域，以满足不同学生的兴趣和需求。这样，学生可以根据自己的兴趣和职业规划选择适合自己的课程。

2.灵活的学习计划

学分制允许学生根据自己的节奏完成学业。因此，高校可以提供灵活的学习计划，允许学生在一定时间内自由安排学习进度。这样，学生可以根据自己的实际情况安排学习计划，如选择在校或离校学习，或者选择在白天或晚上学习。

3.个性化的教学方法

每个学生的学习方式和风格都不同。因此，教师应该根据学生的个性特点采用个性化的教学方法，以满足不同学生的学习需求。这样，学生可以在教师的指导下找到适合自己的学习方式，提高学习效果。

4.提供丰富的选修课程

选修课程可以让学生拓展自己的知识面，培养自己的兴趣爱好。因此，高校应该提供丰富的选修课程，让学生自由选择。

通过以上措施，我们可以更好地实施学分制教学，尊重学生的个性发展，支持他们自我教育、自我控制和自我发展。这样，学生可以在大学期间获得更多的成长和发展机会，为未来的职业生涯做好准备。

（二）遵循因材施教原则

按照学分制培养模式多样化的特点，高校教师应该针对不同层次的学生采取不同的教学和管理方法，因材施教，分层教学。随着高校扩招，学生素质参差不齐，各方面能力和学习水平存在很大差异。因此，实施学分制可以对学生进行分层教学、考核和评价，满足每个学生的个性发展需求，使他们能够按照适合自己的方式发展，学有所获、学有所成。

二、当前我国高校学分制教学管理存在的问题

当前我国高校学分制教学管理存在的问题主要包括以下几个方面。

（一）管理理念落后，管理思想不够科学

管理思想对一所大学的办学质量有着非常重要的影响。大学的办学理念不仅直接关系到人才的培养目标和培养模式，还决定了高校的管理和发展方向。在学分制下，教学管理的本质、内容、方法、特点和规律都与传统的教育管理模式有所不同，因此，深入了解学分制下的教学管理是非常必要的。

目前，我国高校教学管理人员普遍缺乏对学分制条件下教学管理的深入了解，这导致了管理中的主流依然是传统的"以我为主"和"任务导向"的观念和工作意识。这种管理模式往往注重完成任务和达成目标，而忽视了学分制下学生的个性化需求和全面发展。

（二）选修课的教学质量下降

选修课的教学质量下降是当前我国高校学分制教学管理存在的一个突出问题。在学分制下，学生可以自由选择课程，这使得选修课的教学管理变得更加复杂和困难。一些高校对选修课的教学质量缺乏有效的评估和监督，导致一些选修课的教学质量下降，影响了学生的学习效果和整体教育质量。

选修课教学质量下降的原因有很多，如选修课的设置不够合理、课程内容和教学方法不够科学、教师教学水平不高。

（三）学生选课的盲目性较强

学生选课的盲目性较强也是当前我国高校学分制教学管理存在的一个问题。在学分制下，学生可以自由选择课程，这给学生提供了更多的选择权和自主权，但也增加了选课的难度和风险。一些学生可能会面临选课盲目、课程不合适、学习困难等问题。学生选课盲目的原因包括缺乏明确的选课指导、缺乏对课程内容和教师教学水平的了解、追求选修课学分而忽视课程质量、个人兴趣和职业规划不明确等。

（四）教学纪律难以保证

学分制给了学生选课的自由，也赋予了学生是否去上课的自由。这种自由对自觉、自主学习的学生来说是有益的，但也可能使一些学生放松学习要求，不认真听课，导致学习效果不佳。

三、高校学分制下教学管理需要采取的策略

（一）确立现代教育理念与管理理念

确立现代教育理念和管理理念是高校学分制下教学管理的重要策略之一。现代教育理念强调以学生为中心，注重培养学生的创新精神和实践能力，实现全面发展和个性发展相结合。而管理理念则是为了实现教育目标而建立的一种有效的管理模式，强调团队合作、制度建设、规范化管理，注重绩效和反馈。

在学分制下，教学管理需要充分体现现代教育理念和管理理念。首先，教学管理者需要尊重学生的选择权和个性发展，提供多样化的课程和教学模式，满足不同学生的需求和兴趣。其次，教学管理者需要注重教学质量和教学效果，通过评估和反馈来不断促进教学质量的提高。此外，教学管理者还需要建立科学的管理制度和流程，确保教学管理的规范化和高效化，同时注重团队合作和沟通，提高管理效率和效果。

总之，确立现代教育理念和管理理念是高校学分制下教学管理的重要策略。这需要教学管理者充分理解现代教育和管理理念的核心价值，将其运用到实际工作中，同时不断学习和提高自身的素质，以适应不断变化的教学环境和教学要求。只有这样，才能确保学分制的顺利运行，提高教学质量，培养更多优秀的人才。

（二）建立健全教学管理组织机构

1.完善两级教学管理机构

当前阶段下，我国很多高校都设两级教学管理组织机构，即教务处与二级学院（系）教学工作办公室。教务处主要代表学校管理全校教育教学工作，而二级学院（系）教学工作办公室则具体履行二级学院（系）的教学管理职责。在学分制下，高校想要进行正确而科学的教学管理，就应当努力完善这两级教学管理机构。

首先，教务处作为一级教学管理机构，应该代表学校管理全校教育教学工作，发挥重要的宏观管理作用。教务处应该负责制订全校的教学计划和教学大纲，统筹安排全校的课程和教学资源，保证教学的整体协调性和有效性。同时，教务处还应该负责监控和评估教学质量，对教学质量进行全面的把握和控制。

其次，二级学院（系）教学工作办公室作为二级教学管理机构，应该具体履行二级学院（系）的教学管理职责。这包括组织本学院（系）的教师和学生进行课程选择、安排教学任务、进行考试成绩管理等。此外，二级学院（系）教学工作办公室还应该负责本学院（系）的教学研究和教学改革，推动教学质量的不断提高。

在完善这两级教学管理机构的过程中，高校应该注重协调和配合，确保教务处和二级学院（系）教学工作办公室之间的信息畅通，避免出现管理漏洞和管理重叠。同时，高校还应该注重对教学管理人员的培训和管理，提高他们的专业素养和管理能力，确保他们能够胜任学分制下复杂的教学管理工作。

2.建立健全各类教学管理"专家"委员会

高校的教学管理工作确实需要紧紧依靠各类专家与教授，因为他们的学术权威和经验能够为教学管理提供重要的指导和支持。专家治校、教授治教的理念可以有效促进教学管理质量的提高。

为了充分发挥专家、教授的学术权力，高校需要肯定他们在教学管理工作中的主体地位和主导作用。具体来说，可以采取以下措施。

第一，建立专家、教授参与教学管理的机制。高校可以设立教学管理委员会、教学评估委员会等机构，邀请专家、教授担任成员，参与制定教学政策、评估教学质量等。同时，也可以在学院层级设立相应的委员会，让专家、教授直接参与本单位的教学管理工作。

第二，赋予专家、教授对教学管理的决策权。高校应该将教学管理的决策权适当下放到学院层级，让专家、教授在符合学校整体战略的前提下，自主决策本单位的教学事务。例如，可以让专家、教授参与课程设置、教学计划制订、教学质量评估等。

第三，加强对专家、教授的培训和支持。为了提高专家、教授在教学管理工作中的能力和水平，高校应该提供必要的培训和支持。例如，可以组织教学管理研讨会、举办教学经验交流会等活动，帮助专家、教授提高教学管理水平。

第四，建立激励机制，鼓励专家、教授参与教学管理工作。高校应该建立相应的激励机制，对在教学管理工作中表现优秀的专家、教授给予奖励和荣誉。同时，也可以将教学管理工作成果作为职称晋升、评奖评优的重要参考依据，吸引更多的专家、教授参与教学管理工作。

（三）健全与完善学分制综合配套制度

学分制下的教学管理工作具有灵活、多样、动态等特征，给教学管理工作带来了相当大的难度。为了应对这些挑战，高校必须及时健全与完善学分制综合配套制度。

1.制订科学合理的教学计划

教学计划是高校教学的基础和核心，其完善与否直接关系到学分制的实施效果。因此，高校在制订适应学分制教学管理的教学计划时，需要充分考虑经济社会发展对人才的需求，体现最新的科学知识和科技成果，并将现代教育、管理理念渗透到各个教学环节中，通过优化知识结构使教学计划变得科学、合理。具体来说，高校应该从以下几个方面完善教学计划。

第一，更新教学内容。高校应该根据经济社会发展对人才的需求，及时更新教学内容，体现最新的科学知识和科技成果。同时，要注重学科交叉和融合，拓宽学生的知识面和视野。

第二，强化实践环节。实践教学是培养学生实践能力和创新精神的重要环节。高校应该增加实践教学的比重，加强实验室和实习基地建设，为学生提供更多的实践机会和实践指导。

第三，突出个性发展。学分制下的教学计划应该突出学生的个性发展，给予学生更多的选择权和自主权。高校应该设置多样化的课程和教学模式，满足不同学生的需求和兴趣。

第四，强化综合素质教育。高校应该注重培养学生的综合素质，包括人文素养、创新能力、团队合作能力等。教学计划中应该设置相应的课程和实践活动，强化综合素质教育。

第五，引入现代教育、管理理念。高校应该将现代教育、管理理念渗透到教学计划的各个环节中，如教学质量管理、教学评估等。同时，要注重学生的主体地位，倡导师生互动和合作学习，提高学生的主动性和参与度。

2.制定科学的人才培养方案

作为高校教学管理者，在学分制下，要提高人才培养质量，设计出科学有效的人才培养方案，需要主动适应现代化建设对优秀人才多样、专业的需求。具体来说，高校应采取以下措施。

第一，优化课程结构。在学分制下，学生可以自主选择课程，因此，高校应该设置多样化的课程，包括通识课程、专业课程、实践课程等，以满足不同学生的需求和兴趣。同时，要注重课程的整合和优化，避免课程内容的重复和交叉，构建科学合理的课程体系。

第二，推行导师制。在学分制下，学生需要导师的指导和帮助。高校应该推行导师制，让教师担任学生的导师，为学生提供学术指导、职业规划、就业指导等服务。同时，要注重导师的选聘和管理，确保导师能够有效地指导学生。

第三，实施教学质量监控。在学分制下，教学管理的难度加大，教学质量难以控制。高校应该实施教学质量监控，建立教学评估体系，对教学质量进行全面、客观的评估，及时发现和解决问题，提高教学质量。

第四，加强学生管理。在学分制下，学生有更多的自主权，但也容易出现管理困难。高校应该加强学生管理，建立学生管理制度，明确学生的权利和义务，规范学生的行为，提高学生的自我管理能力。

3.完善选课制

学分制是将学分作为衡量学生学习量的一种教学管理制度，选课制与学分制相辅相成，是学分制的完善和必要的补充。选课制是指在实行学分制教学管理模式下，为适应学生个性化发展的需要，学生依据自己的兴趣、爱好、特长和拟从事的研究领域，在教师的指导下对众多的课程进行选择和组合的制度。为了完善选课制，以加强教学管理，可以采取以下措施。

第一，增加学生选课的自由度。增加选修课程，让学生有更多的选择余地，可以根据自己的兴趣和需求来选择课程。

第二，完善选课机制。建立科学的选课机制，确保选课公平、公正、公开，避免出现学生抢课、刷课等问题。

第三，加强选课指导。建立专业的选课指导团队，为学生提供个性化的选课指导，帮助学生更好地了解自己的兴趣和需求，选择适合自己的课程。

第四，优化课程结构。根据学科发展和市场需求，不断优化课程结构，增加实践课程、创新课程和前沿课程，提高学生的实践能力和创新能力。

4.完善学籍管理制度

弹性学制的实施需要严格的学生学籍管理，以确保学生的学习进度和学分积累。在高校实行学分制的情况下，班级统一管理模式被打破，学生可以自主选择课程和学习进度，这使得教学管理的难度加大。因此，建立灵活的学籍管理制度非常重要。为了实现这一目标，高校可以采取以下措施。

第一，建立学生信息管理系统。通过学生信息管理系统，可以对学生的学籍信息进行全面管理，包括学生基本信息、选课情况、考试成绩、学分积累等。

第二，实行学生自主管理。在学分制下，学生可以自主选择课程和学习进度，因此可以实行学生自主管理。学校可以为学生提供相应的指导和管理，帮助学生合理安排学习进度和课程选择。

第三，建立学分积累制度。在学分制下，学生的学分是按照所修的学分数进行积累的。因此，建立学分积累制度非常重要，可以确保学生按照规定积累学分，达到毕业要求。

5.完善导师制

导师制是学分制的重要组成部分，对学生的发展和成才具有至关重要的作用。各大高校正在不断探索和完善导师制，目标是提高学生的综合素质。为了完善导师制，需要在以下方面作出明确的规定。

第一，导师的选拔。高校应该制定明确的导师选拔标准，确保选拔出来的导师具有较高的学术水平、教学能力和责任心。选拔过程中应该注重导师的个性特点、教育理念和教学经验等方面。

第二，导师的职责确定。导师的职责应该包括指导学生进行课程选择、制订学习计划、提供学术指导、帮助学生解决学习和生活中的问题等。同时，导师还应该注重培养学生的创新能力和实践能力，为学生提供必要的学术支持和帮助。

第三，导师的考核。高校应该建立科学的导师考核机制，对导师的工作进行评估和监督。考核应该包括学生的学习成绩、学术成果、综合素质等方面，同时还要考虑导师的科研水平、教学能力和工作量等方面。

第四，学生与导师的匹配。高校应该建立科学的学生与导师匹配机制，根据学生的兴趣、需求和导师的研究方向、教学经验等方面进行匹配。这样可以更好地满足学生的需求，提高学生的学习效果和学术水平。

第五，导师的培训和激励。高校应该为导师提供必要的培训和激励措施，提高导师的教学水平和责任心。同时，还应该建立相应的奖励机制，激励导师更好地履行职责，提高导师的工作积极性和工作质量。

（四）促进教学管理运行的程序化和网络化

在学分制条件下，高校要想不断提高教学管理效率，还应当跟随时代脚步，促进教学管理运行的程序化和网络化。

1.程序化

教学运行程序化是学分制的必要要求，因为它能够确保教学管理的规范有序。程序化意味着将教学运行的各个步骤和环节细化并落实，形成相对稳定、简便易行的操作程序，使相关人员能够按照程序进行活动。这样不但能够确保教学管理的规范有序，而且可以有效避免出现混乱和错误。

在实践中，许多高校推行学分制时都采用了程序化的方式来保证教学管理的有效运行。通过程序化管理，学校可以明确规定选课、排课、考试、成绩登记等各个环节的操作流程，制定相应的管理规定和操作规范，并确保相关人员能够严格遵守制度流程。

同时，程序化还可以提高教学管理的效率和准确性。通过程序化的操作流程，相关人员可以明确各自的工作职责和操作规范，减少不必要的沟通和协调，避免出现重复劳动和错误操作。这不仅可以提高工作效率，还可以确保教学管理的准确性和一致性。

2.网络化

学分制是一种新型的教学管理制度，其运行以计算机网络系统为物质载体。网络化是教学管理现代化、信息化的必然要求，能够为高校规范学分制教学运行和提高教学管理效率提供极大的帮助。

首先，网络化为学分制的实施提供了高效、准确、便捷的管理手段。在学分制中，学生的选课、排课、考试、成绩管理等各个环节都需要进行精细化的管理。借助计算机网络系统，学校可以对学生的信息进行快速、准确的查询、修改、添加、删除等操作，大大提高了管理效率。

其次，网络化为教学管理信息交流提供了更加广泛、开放的平台。通过校园网、教学管理系统等网络化手段，学校可以实现教学管理信息的共享和交互，使各部门之间的信息交流更加畅通、及时，避免了信息闭塞和重复劳动的情况。

最后，网络化还有助于促进教学管理的科学化和规范化。学校可以通过制定标准化的管理流程和数据规范，实现对教学管理全过程的监督和控制，确保各项工作的准确性和规范性。同时，网络化教学管理还可以为学生提供更好的学习支持和服务，帮助学生更好地规划自己的学习进度和选课方案。

（五）加强高校教学管理队伍建设工作

1.提高教学管理人员的素质

首先，教学管理人员需要具备丰富的教育与管理知识，包括教育理论、教育政策、教学管理、人力资源管理等方面的知识。其次，他们还需要具有较强的综合素质和能力，如组织能力、协调能力、沟通能力、解决问题的能力等。再次，教学管理人员还需要具有良好的身体和心理素质，以应对工作压力和复杂多变的教学管理情况。最后，他们还需要具备使用现代信息技术的能力，如计算机操作、数据库管理、网络应用等，以提高教学管理的效率和准确性。

高校应该注重提高教学管理人员的这些素质，通过培训、学习、实践等方式提升他们的专业水平和能力。同时，高校也应该提供良好的工作环境和待遇，激励教学管理人员更好地发挥他们的能力和潜力，为提高高校的教学质量和水平做出更大的贡献。

2.优化教学管理队伍的基本结构

高校教学管理队伍的结构主要有年龄结构、性别结构、个性结构、学科结构、职称结构等。在学分制下，高校应以"精干、高效"为原则，优化教学管理队伍。

（1）年龄结构

高校应该考虑教学管理队伍的年龄结构，建立起老、中、青三代的管理团队，保证队伍的稳定性和持续发展。年轻的管理人员可以带来新的思想和活力，老一代的管理人员则具有丰富的经验和稳定的处理问题的能力。

（2）性别结构

高校应该考虑性别比例的平衡，以便更好地满足学生和教职员工的需求。性别比例的平衡不仅可以提高管理队伍的多元性，还可以增强管理工作的针对性和包容性。

（3）个性结构

教学管理人员应该具有不同的个性特点，包括善于组织、善于沟通、善于决策等。高校可以通过个性测试和面试等方式，选择具有良好个性特点的管理人员，以提高管理队伍的综合能力。

（4）学科结构

教学管理人员应该具备一定的学科知识，以便更好地理解和处理教学管理中的问题。高校可以根据教学管理的需要，选择具有相关学科背景的管理人员。

（5）职称结构

教学管理人员应该具有合理的职称结构，高级、中级、初级职称的比例应合理。职称结构的合理化可以保证管理队伍的稳定性和发展性，提高管理工作的效率和质量。

3.加大对教学管理人员的培训与管理力度

当前高校教学管理人员的来源复杂多样，素质参差不齐，学历普遍偏低。这种情况对高校的教学管理水平和效率产生了一定的影响。因此，高校应该采取措施，加大对教学管理人员的培训和管理力度，以提高教学管理队伍的整体素质和能力。

第一，建立招聘标准。高校应该建立明确的招聘标准，包括学历、专业、能力、经验等方面的要求。这样可以保证招聘到高素质的教学管理人员，提高队伍的整体水平。

第二，提供培训机会。高校应该为教学管理人员提供培训机会，培训内容包括管理理论、教育政策、教学管理等方面的知识和技能。通过培训，可以提高教学管理人员的素质和能力，使他们更好地适应学分制下的教学管理要求。

第三，制定职业规划。高校应该为教学管理人员制定职业规划，提供晋升和发展的机会。这样可以激发教学管理人员的工作积极性和职业发展动力，提高他们的工作满意度和稳定性。

第四，建立评估机制。高校应该建立评估机制，对教学管理人员的绩效进行评估。通过评估，可以了解教学管理人员的表现和贡献，为他们提供反馈和改进建议，促进他们工作进步和发展。

第五，提供良好的工作环境和待遇。高校应该提供良好的工作环境和待遇，激励教学管理人员更好地发挥他们的能力和潜力。这包括良好的工作条件、合理的薪酬与福利待遇等，以吸引高素质的教学管理人员。

4.调动教学管理人员的积极性

一支充满活力的高水平教学管理队伍对顺利开展高校教学管理工作具有非常重要的作用。为了发挥现有教学管理队伍的最大功效，高校需要从以下两个方面着手调动教学管理人员的积极性和创造性。

（1）建立竞争机制

竞争是提高管理效率和选拔优秀人才的重要手段。通过建立竞争机制，可以让教学管理人员在平等条件下进行竞争，激发他们的动力和潜力。高校可以采取公开招聘、定期考核、竞争上岗等措施，确保选拔过程公平、公正、公开，让优秀的教学管理人员脱颖而出。

（2）调整分配政策

实行按劳分配，能够有效地调动教学管理人员的积极性和创造性。高校可以根据教学管理人员的职责、工作量和工作绩效，制定合理的分配政策，给予他们应有的报酬和奖励。通过这种分配方式，可以鼓励教学管理人员积极参与教学管理工作，发挥自身的潜能，提高教学管理水平。

第三节　高等教育教学质量管理研究

一、高校教学质量管理的主要内容

高校教学质量管理的内容比较丰富，这里我们主要讨论高校教学目标管理和高校教学质量控制这两个方面。

（一）高校教学目标管理

对高校的教学目标进行管理是非常重要的。这不仅有助于确定教学工作的总体方向，还有助于建立和实施科学的教学质量目标系统和实施流程。

1.教学目标管理的特征

相比传统教学管理，高校教学目标管理具有以下特点。

（1）更加重视教学质量管理中人的因素

教学目标管理是一种参与性和民主性很强的管理制度，管理者与被管理者的关系是平等的。这种管理模式重视人的因素，鼓励全体师生参与决策，共同承担责任和义务，从而提高教学质量。

（2）更加重视目标体系和责任制的建立

教学目标可以分为四个层次，第一层次是国家的培养目标，第二层次是各级各类高校的培养目标，第三层次是各个学科、学段、学年、学期的培养目标，第四层次是单元、课题、课时的教学目标。教学管理目标是将这些目标转化成更小更细的目标，并明确每个环节的目标的权、责、利。这种管理模式强调目标的具体性和可衡量性，以便更好地实现教学目标。

（3）更加重视教学成效

教学目标的制定是开始，实施是过程，对教学目标完成的情况进行评价是终结。这种管理模式重视教学成效，对教职工完成任务的情况进行考核，使用奖惩的手段，以提高教学质量。

2.教学目标管理的实施

（1）实施人本管理，将理性和非理性管理结合起来。理性管理强调制定科学、客观的教学目标，注重数据和事实，强调对教学过程的控制和评估。这种管理方式可以确保教学目标得以实现，提高教学效率和质量。然而，非理性管理也非常重要。教师是一个具有创造性和自主性的职业，需要有自己的思考和发挥创造性的空间。因此，在教学目标管理工作中，需要重视教师的主观能动性和情感需求，营造一种开放、包容、积极向上的工作氛围，激发教师的创新和创造力，让他们更加积极地参与到教学目标管理工作中。

（2）加强监督反馈是完善管理机制和管理方法的重要手段。在高校教学目标管理中，及时的监督和反馈对提高教学质量和管理效率都具有非常重要的作用。

通过实施动态教学管理，可以对教学任务的完成情况进行实时监督和反馈，及时发现和解决问题，确保教学目标的顺利实现。同时，动态教学管理也可以帮助管理者更好地了解教师的教学情况和学生的学习情况，为制订更加科学、合理的教学计划提供有力支持。

为了完善管理机制和管理方法，高校管理者需要不断探索和创新教学管理方式，加强对教学任务的监督和反馈，并根据实际情况对管理机制和方法进行调整和改进。只有这样，高校教学目标管理才能更加科学、高效，为提高教学质量和培养优秀人才提供有力保障。

（3）实施发展性评价。发展性评价是一种以教师和学生为中心的评价方式，旨在促进教师和学生的不断发展和进步。这种评价方式不仅关注最终的成绩和成果，还关注教学过程和学生的学习经历。通过评价，教师可以了解自己的优点和不足之处，从而有针对性地进行改进和提高。同时，学生也可以了解自己的学习进步和需要改进的地方，激励他们继续努力，不断提高自己的能力和水平。

（二）高校教学质量控制

实施高校教学质量管理要对每一个可能影响它的环节进行控制，对高校全员、教学全程和高校工作全局进行管理，这样才可能更好地对高校教学质量进行控制。

1.高校全员管理

在高校管理中，人的因素是最为重要的。如果没有教师素质的整体提高，就无法提高高校的教学质量。因此，在对教学质量进行管理时，高校必须紧紧围绕教学这个核心环节，充分发挥教师的主导作用和学生的主体作用。高校全员的活动都应该围绕教学目标展开，这是至关重要的。

2.教学全程管理

高校教学的整体质量与每个教学环节的质量密切相关，教师的备课、上课、考试考核等情况都会对教学质量产生影响。因此，需要有针对性地提高教学过程中每一个环节的教学质量，保障教学全过程的水平和最优化。只有每一个环节都分别得到提升，才能实现整体教学质量的提高。

3.高校工作全局管理

教学是高校的核心工作，德育工作、后勤工作和课外教育等工作都是为教学服务的。为了减少不必要的问题，高校需要处理好教学与其他各项工作的关系，并建立教学工作协调机制。只有在教学与其他工作相互配合、协调一致的基础上，才能实现高校的整体发展和教学质量的提高。

二、高校教学质量管理的主要程序

（一）做出决策

这个阶段的主要内容有发现问题、确定目标和准则、制定方案、进行分析评估、方案选优、试点。

1.发现问题

决策通常始于发现问题的过程。在我国高校教学和管理工作中存在或多或少的问题，而高校管理者由于缺乏相应的业务水平和政治思想水平，往往无法发现和解决这些问题。因此，高校领导者首先要培养自己善于发现问题的能力，具备与时俱进的改革眼光。只有通过发现问题并加以解决，才能不断提升高校教学和管理水平，为学生的成长和发展提供更有力的支持。

2.确定目标和准则

在高校教学质量管理过程中，每个相关人员都需要在每个教学阶段明确自己的个人目标，这是提高整体教学质量的切实保障。除了确定教学目标之外，高校教学质量管理的准则还包括学术价值、社会价值和经济价值。

学术价值强调教学的高度专业性和学术性，要求教师在教学过程中注重培养学生的学术能力和研究能力。学术价值的体现包括但不限于课程设计、教材选用、教学方法和评估方式等方面。

社会价值强调高校教学对社会发展的贡献，要求教师在教学过程中注重培养学生的社会责任感和实际能力。社会价值的体现包括但不限于课程设置与社会需求对接、学生实践能力培养、校企合作等方面。

经济价值强调高校教学对经济发展的贡献，要求教师在教学过程中注重培养学生的经济意识和实践能力。经济价值的体现包括但不限于课程设置与经济发展对接、学生实践能力培养、校企合作等方面。

这些准则为高校教学质量管理提供了指导和规范，以确保教学工作符合学术规范、社会需求和经济现实。通过遵循这些准则，高校可以确保教学质量管理的系统性和有效性，提高整体教学质量，同时满足学术、社会和经济等多方面需求。

3.制定方案

高校教学质量管理的方案制定需要多样化，并且需要根据实际情况进行制定。

第一，针对不同课程类型制定不同的评估方案。例如，对于理论课程和实践课程，可以采取不同的教学质量评估方式。对于理论课程，可以重点评估教师的教学内容、深度和准确性等方面，而对于实践课程，可以重点评估学生的实际操作能力、技能掌握和应用能力等方面。

第二，针对不同学生群体制定不同的评估方案。例如，对于不同年级的学生，可以制定不同的学习目标和评估标准。对于大一新生，可以重点评估其适应能力和基础知识掌握情况，而对于大三、大四的学生，可以重点评估其专业知识和应用能力等方面。

第三，利用新技术和创新方法制定更加科学、有效的评估方案。例如，利用大数据技术对教学质量进行全面分析，利用人工智能技术对教学问题进行智能诊断和解决。这样的创新方案可以提高评估的准确性和可靠性，帮助教师更好地了解自己的教学质量，并有针对性地进行改进。

第四，制定综合评估方案，将多种评估方式结合起来。例如，可以将学生评价、同行评价、教师自评等多种评价方式综合起来，或者将定量评估和定性评估等多种评估方法结合起来，以获得更加全面、客观的评估结果。

无论采取何种方案，都需要考虑到高校实际情况的差异，根据本校的具体情况采取不同的教学质量管理方案。这样才能更好地满足实际需求，提高教学质量。

4.分析评估

分析评估是一个非常重要的过程，它旨在确定哪个方案是最优的。这个过程需要全面而细致的分析，以确保所有的利弊都被权衡，并且做出最优的决策。

组建专家组是一种很好的方法，因为他们的专业知识和经验可以为评估过程提供有价值的输入。他们可以针对每个方案的优点、缺点和潜在的风险提供深入的见解和建议。这种专业的反馈和意见可以帮助组织做出更加明智和理性的决策。

5.方案选优

分析评估工作选出的最优化方案并不一定就是最终的方案。通常，我们会根据评估结果选出几个最优的方案，然后进一步对这些方案进行综合加工，以形成一个更加完美的方案。这个综合加工的过程是一个创新和优化的过程，它不仅可以将不同方案的优点结合起来，还可以消除其中的缺点和风险，从而得到一个更优的方案。

此外，这个综合加工的过程还可以考虑实际情况和需求。例如，一个方案可能在理论上是最优的，但在实际操作中可能存在一些困难或限制。通过与其他方案进行比较和综合，可以找到一个更符合实际情况和需求的最优方案。

因此，分析评估工作不仅选出了最优方案，而且为最终方案的确定提供了有价值的参考和指导。

6.试点

在方案确定之后，需要选择高校内比较典型的"点"进行试验，以验证方案的可行性。这个"点"的选择非常重要，因为它不能存在太多特殊条件，而是需要具有普遍性的特点。这意味着试点应该能够代表高校的整体情况，以确保测试方案的适用性。如果选择具有特殊条件的试点，那么测试结果可能只适用于该特定情况，而无法运用于其他情况。因此，在选择试点时，需要确保其具有代表性，能够反映高校的整体情况。

（二）制订计划

在制订计划的时候，需要做到以下几点。

1.有的放矢，突出重点

高校的教学工作确实非常繁杂，因为每个年级和学科的发展状况都有所不同，这使得教学管理工作具有挑战性。为了提高高校教学质量，找到教学工作中比较薄弱的环节并进行有针对性的管理是非常重要的。

第一，了解不同年级和学科的发展状况是关键。通过与教师、学生和学科专家进行交流，了解各个年级和学科的进展情况，识别出存在问题的领域。例如，某些年级可能存在课程安排不合理、教材不合适或教学方法不得当等问题。

第二，针对发现的问题，制定相应的管理措施，包括改进课程设置、提供教学培训或改进评估方法等。针对不同年级和学科的特殊需求，制定个性化的管理方案，以确保问题的有效解决。

第三，与教师和学生保持沟通也是提高教学质量的关键。通过定期的反馈和交流，可以了解教学中的问题，并及时采取措施加以解决。

第四，需要持续关注并不断改进教学管理工作。在实施改进措施后，需要跟进并评估效果，根据实际情况进行调整和改进。只有持续关注并不断改进，才能确保高校教学质量的持续提升。

2.发动全员，统一认识

计划的制订确实需要集思广益，因为个人的想法总是有限的。发动高校全员进行热烈的讨论可以收集到更多的意见和建议，从而确保计划更加全面和可行。

通过讨论，人们可以分享自己的观点和经验，互相启发，从而产生更好的解决方案。全员参与讨论还可以促进团队合作和共识的达成，使所有人都对计划有共同的理解和认同，增强计划的可执行性。

在讨论过程中，要鼓励大家积极发表自己的看法，尊重不同的意见，通过理性辩论和客观评估来选择最佳的方案。最正确的意见会得到大家的一致认可，这样可以确保计划的实施更加顺利。

此外，高校领导干部在讨论中应该发挥引导和协调的作用，促进讨论的顺利进行，并在必要时提供指导和支持。他们可以提出自己的观点和建议，但不应该强制推行自己的意志。

3.远近结合，统筹安排

在制订高校教学质量管理计划时，需要结合长远计划和近期目标，以实现工作的系统性和连贯性。

长远计划是对未来较长一段时间内的高校教学质量管理工作的总体规划和目标设定。它通常着眼于未来几年或更长时间内的发展方向和战略目标，明确高校教学质量管理的长期意图和期望。

近期目标则是为实现长远计划而设定的短期内的具体工作目标和指标。它们应该与长远计划相衔接，对当前的工作具有明确的指导意义。近期目标应该具有可衡量性和可达成性，以便对计划的实施效果进行评估和调整。

通过结合长远计划和近期目标，可以确保高校教学质量管理工作既有长远的战略规划，又有短期内的具体工作目标，使得整个工作更具系统性和连贯性。这样的计划也更有利于实现最终的目标，提高高校的教学质量。

在制订长远计划和明确近期目标的过程中，需要考虑到高校内部和外部环境的变化，以及教学质量管理的实际情况。定期评估和调整计划，确保其与实际情况相符合，并及时调整目标和工作方向。

（三）安排好教务工作

高校领导需要给予教务工作应有的重视，认识到其在高校教学质量管理体系中的重要地位。教务处是连接教学相关信息渠道的重要节点，发挥着不可替代的信息反馈作用。因此，高校需要采取以下措施来加强教务工作。

第一，对教务处的工作人员进行系统的培训，提高他们的整体素质和水平。培训可以包括专业技能、沟通技巧、信息反馈等方面的内容，以帮助教务工作人员更好地履行职责。

第二，将教务工作人员纳入高校教学质量管理系统中，由其相关领导进行统一的组织和调度。这样可以增强教务工作与其他教学工作的协调性和配合度，从而提高工作效率。

第三，高校领导需要制定相应的考核奖惩制度，激发教务工作人员的工作积极性和主动性。通过设立考核标准，对教务工作人员的工作表现进行评价，并根据评价结果进行奖励或惩罚，以激励他们更好地完成工作任务。

（四）总结与改进

在每个教学阶段结束之前，高校管理人员需要对该阶段的教学质量管理工作进行总结。这一总结包括分析成功经验和失败原因，旨在改进和避免重复犯错。

对于成功的管理经验，需要确定哪些实践和方法是行之有效的，并在未来的教学阶段中继续采用。这些成功经验可能是各种形式的教学质量管理策略、师生互动技巧、课程设计和评估方法等。通过系统地整理和分享这些成功案例，可以促进教学质量管理工作的推广，为其他教学阶段提供借鉴和启示。失败也是我们宝贵的教训。对于失败的管理经验，需要深入分析失败的原因，并从中吸取教训。这可能涉及对教学计划、学生参与度、课程效果评估等各个方面的反思。通过总结导致失败的因素，可以避免在未来的工作中重蹈覆辙。

为了实现教学质量管理的持续改进，还需要对现有的教学质量管理策略进行审视和调整。基于总结的成功经验和失败教训，可以有针对性地优化教学质量管理策略，以更好地适应不断变化的教育环境和师生需求。这可能涉及制定新的管理政策、引入新的评估工具、推动教师专业发展和改进学生支持服务等。

（五）稳定秩序

1.稳定工作秩序

对高校的教学质量进行管理，需要建立一个稳定的工作秩序，使高校内部的各个部门都能够步入以教学为中心、全面贯彻国家教育方针政策的轨道。只有这样，才能确保教学质量管理的有效性和持续性。

在这个稳定的工作秩序中，各个部门需要相互配合、协调发展，作为一个整体共同为教学工作服务。只有这样，才能避免各自为政、自由散漫的情况，从而确保工作秩序的稳定。

为了实现这个目标，高校内部的各个部门需要明确各自的职责和任务，并且与其他部门保持良好的沟通和协作。例如，教务处需要与教师和学务部门密切配合，以确保教学计划的顺利执行。同时，学生事务部门需要与教师和教务处密切配合，以确保学生支持服务的有效性和持续性。

此外，为了进一步提高教学质量管理的水平，高校还需要制定科学合理的教学质量管理政策和标准，并且对教学质量进行持续的监测和评估。在这个过程中，各个部门需要积极参与，提供必要的支持和配合。

2.稳定教学秩序

教学秩序的稳定是高校教学质量的重要保障，为了实现这一目标，需要高校教师和全体教职员工的共同努力。具体来说，需要做到以下几点。

第一，激发学生的学习积极性，培养学生的自主性和自我控制能力。这可以通过多样化的教学方式、有趣的课程内容和实践性的教学活动来实现。学生的注意力集中在学习和自我提高上，将有助于教学秩序的稳定和教学质量的提高。

第二，统一安排思想政治工作、教学工作和各种活动，避免各自为政的现象。这有助于协调各部门的工作，确保教学工作的顺利进行，并减少资源浪费和重复劳动。

第三，及时公布课程表、作息时间表、校历表等重要信息，提前公布每周会议活动的安排，便于相关人员提前做好准备。这可以增加教学的计划性和可预见性，帮助学生合理安排时间和精力，从而保证教学秩序的稳定。

第四，在新学期开始时，通过思想政治工作引导学生适应新学期的学习环境，帮助学生了解学校的总体概况、校纪校规和学生守则，使他们尽快适应高校生活。这可以增强学生对学校的归属感和责任感，保持各个年级秩序的稳定。

第三章　高等教育的教师管理研究

高校教师是推动人才培养、科学研究和社区服务的关键力量。因此，社会对高校教师的关注度非常高。高校教师管理也自然成为一个重要的研究领域。如果高校能够有效地管理教师，不仅可以提升人力资源管理能力，而且可以最大限度地激发高校教师的积极性和创新力。

第一节　教师管理的内涵

一、教师管理的含义

教师管理是教育行政部门和学校的一项重要工作，旨在提高教师的工作能力，促进教师发展。通过合理的任用、培养、考评、奖惩等措施，可以激发教师的自我效能感，提高教师的自我发展动力。同时，教师管理的最终目的也是提高学校的教育教学质量，促进学生的全面发展。

二、教师管理的特点

概括来说，教师管理的特点主要包括以下几个方面（图3-1）。

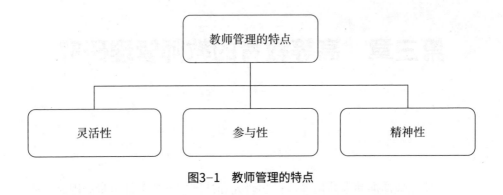

图3-1　教师管理的特点

（一）灵活性

教师管理的灵活性特点主要是指在教师管理过程中应该根据实际情况进行灵活调整，不拘泥于固定的管理模式和规定。例如：对于教师的工作时间和空间，可以相对开放，不实行坐班制，让教师自主选择最有利于提高工作效率的环境；对于教师的教学方法和手段，不进行硬性规定，而是鼓励教师运用多种教育手段和教学方法，发挥教师的创造性；对于教师的工作评价，应该采用多种评价方式进行综合、全面、恰当的评价。

灵活的管理方式可以更好地适应不同教师和不同学科，提高教师的工作积极性和创造性，促进教师的职业发展和自我发展，同时也能够提高学校的教育教学质量，实现学校的教育目标。

（二）参与性

教师管理的参与性特点主要是指在教师管理过程中应该让教师积极参与

讨论和决策，体现出较强的参与性。这可以发扬民主，集思广益，提高教师的认同感和责任感，同时也可以提高教师管理工作的效率。

具体来说，学校应该鼓励教师积极参与学校重大事件或决定的讨论和决策，让教师发表自己的意见和建议，共同讨论出最佳的决策方案。这不仅可以增强教师的参与感和归属感，也可以确保决策的合理性和可行性。

此外，学校还应该通过多种方式增强教师的认同感和责任感，让教师感受到自己是学校的一分子，自己的工作对学校的发展和学生的成长有着重要的影响。这样可以让教师更加积极地投入工作中，提高工作效率和质量。

（三）精神性

教师管理的精神性特点主要是指在教师管理过程中应该注重精神层面的建设，而不是仅关注物质方面。具体来说，学校应该注重建立和谐的学校人际关系，营造一种积极向上、团结协作的工作氛围，让教师能够在愉悦的环境中工作；注重培养教师的思想道德，提高教师的道德素质和职业素养，让教师能够以身作则，成为学生的榜样；注重促进教师的专业发展，提供更多的学习和发展机会，帮助教师不断提升自己的教学水平和专业能力。

通过精神层面的建设，学校可以增强教师的归属感和荣誉感，提高教师的工作积极性和创造力，促进教师的职业发展和自我发展，同时也能够提高学校的管理水平和教育教学质量。

三、高校教师管理的原则

高校教师管理需要遵循一定的原则，概括来说，主要包括以下几方面（图3-2）。

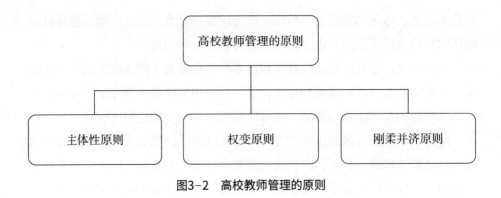

图3-2　高校教师管理的原则

（一）主体性原则

人本管理理念是主体性原则的核心，要求在管理工作中重视人的因素，充分发挥人的主观能动性，实现人的全面发展。在高校教师管理中，管理者应该高度重视教师的价值、潜力、作用和行为方式等，关注教师的情感变化和职业道德等，建立新型人际关系，发挥教师的创造力和活力，让教师感到被尊重、被理解，心里充满成就感和幸福感。同时，主体性原则还体现在鼓励教师进行自我评价方面。在传统观念中，评价都是由上到下的，忽略了被评价者的主体功能。因此，应该转变观念，注重并鼓励教师进行自我评价，这样可以激发教师的自觉性和主动性，让教师以积极的姿态参与到管理工作中。

（二）权变原则

根据权变管理理论，高校管理者应该根据组织所处的内部和外部条件的变化而随机应变，针对不同的条件寻求不同的管理模式、方案和方法。在高校教师管理中，权变理论是一种非常实用的指导理论。管理者应该根据每个教师的不同情况和特点采用比较灵活多变的管理措施，不能一概而论。同时，管理者在采取管理的办法和技术时，要注意这些办法和技术是否与解决某一问题的特定环境和条件相符。由于每个高校教师的个性不同，素质情况也大不相同，这种差异既在平均素质水平上有所体现，也表现在各种具体的素质和同一种素质中的各种要素上。因此，高校管理者应该依据教师的个人能力和特点来安排适合的岗位，这样可以充分发挥教师的潜力，提高管理效果。

（三）刚柔并济原则

高校管理者应该将刚性管理模式和柔性管理模式结合起来，不能顾此失彼。刚性管理模式强调规章制度的重要性，重视遵守和服从，特点是机械、非人性化、强制，这种管理模式无法充分发挥人的能动性和创造性。而柔性管理模式则注重人的情感需求和人性化因素，通过灵活的组织结构和弹性规章制度来激发个人的内在潜力、主动性和创造精神。

刚柔并济的原则要求在高校教师的管理工作中，管理者应该采用以柔性管理为主、刚性管理为辅的管理方式。高校在制订各项工作方针、政策和管理目标的时候，除了让教师遵循基本的规章制度之外，也应该积极地为教师创造更多的条件，让他们能够参与到计划和方案的讨论中来，并且提出一些建议。这样可以增强教师的参与感和归属感，激发他们的创造力和工作热情。

在具体实践中，高校可以采取以下措施来贯彻刚柔并济的原则。

第一，制定灵活的管理制度。高校可以根据不同教师的情况和学科特点制定灵活的管理制度，包括岗位设置、薪酬制度、考核评价等，以适应不同教师的需求。

第二，建立有效的沟通机制。高校应该建立有效的沟通机制，包括教师代表大会、领导座谈会、意见箱等，让教师有更多的渠道参与管理和提出建议。

第三，提供良好的工作环境。高校应该为教师提供良好的工作环境，包括教学设备、科研设施、办公条件等，让教师能够在舒适的环境中工作和创新。

第四，建立激励和奖励机制。高校应该建立科学的激励和奖励机制，包括科研奖励、教学评优、职称晋升等，以鼓励教师积极发挥自己的能力。

通过刚柔并济的管理模式，高校可以充分发挥教师的能动性和创造性，提高管理效果和工作效率，同时也能够满足教师的情感需求，促进教师的成长和发展。

四、高校教师管理的意义

加强高校教师管理，不仅有利于教师自身的提升和发展，也有利于高素质高水平教师队伍的建设，更有利于提高高校的教育质量和推动高校教育的改革发展。具体来说，高校教师管理的意义主要包括以下几个方面（图3-3）。

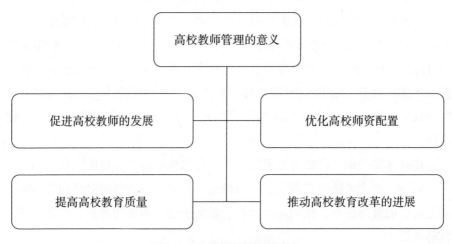

图3-3　高校教师管理的意义

（一）促进高校教师的发展

自改革开放以来，我国在社会、政治、经济文化等各个方面都取得了巨大成就。在这个背景下，社会对人才的需求不仅在于数量，更注重质量。这就要求教师不断提高自身能力，实现全面发展，从而推动学生的全面发展。

高校教师作为高校非常重要的资源，加强其管理并规划指导其职业生涯，积极关注其需求，营造良好的、公平的、自由的教学科研氛围，具有至关重要的意义。这不仅可以提高教师的持续发展能力，充分发掘教师的潜力，还有助于实现教师生命的价值。

（二）优化高校师资配置

科学有效的教师管理不仅可以使教师们充分发挥他们的能力，找到适合自己的研究方向，在自己的岗位上发挥最大的效用，还可以平衡各类教师之间的比例，协调教师之间的关系，从而最大程度地发挥每个教师的作用。这样的管理能够充分调动教师工作的积极性、创造性，提高教师队伍整体的素质和能力，实现教师资源的优化配置。

（三）提高高校教育质量

教师是教育工作的核心，是教育成败的关键。在高校中，教师是占据主导地位的专业人员，他们的素质和水平对高校的教育质量和教学水平具有直接的影响。因此，对高校教师进行科学有效的管理至关重要。

首先，高校应该建立严格的招聘制度，确保招聘到高素质、高水平、有责任心的教师。招聘标准应该包括对学历、专业背景、教学经验、科研能力等方面的要求，以确保招聘到的教师具备足够的专业能力和教学能力。

其次，高校应该提供系统的教师培训，包括教学技能、科研方法、团队协作等方面的培训，帮助教师提升自身能力和素质。这不仅可以提高教师的教学水平和科研能力，还可以增强教师的团队协作能力，从而提高整体的教育教学质量。

再次，高校应该建立有效的激励机制，通过奖励、晋升等方式激励教师积极投入工作，提高其工作积极性和创造力。这不仅可以提高教师的工作热情，还可以促进教师的职业发展，提高教师的职业满意度。

最后，高校应该营造良好的工作氛围，让教师在自由、公平、公正的氛围中开展教学与科研工作，同时为其提供必要的教学资源。这不仅可以优化教师的教学效果和科研成果，还可以增强教师的归属感，从而提高教师的职业满意度和留任率。

通过以上措施对高校教师进行科学有效的管理，可以提高教师的素质，进而提高高校教育的质量。只有高素质、高水平、有责任心的教师，才能培养出全面发展的优秀人才，为社会的进步和发展作贡献。

（四）推动高校教育改革的进展

教育改革是一个全球性的重要议题，无论在国内还是国外，都需要不断地进行改革以适应新的教育环境和需求。在高校教育改革中，教师是最关键的一环，因为他们不仅是教育改革的具体执行者，还是学生发展的重要引领者和支持者。

随着教育改革的不断深入，高校教师需要具备更高的素质和能力，以适应新的教育需求和挑战。教育改革中出现的新教育方法、教育思想、教育措施等，都需要高校教师具备相应的素质和能力才能顺利地贯彻和执行。因此，对高校教师进行科学有效的管理至关重要。

政府和高校应该制定一系列教师管理的新政策、新措施，以提升高校教师队伍的素质，并激励高校教师积极投身于教育改革之中。这些政策和措施可以包括教师职业发展、教师培训和进修、教师评价和激励机制等。通过这些措施，可以提高高校教师的素质和能力，使他们更好地适应教育改革的需求，推动高等教育事业的发展。

除此之外，高校也应该为教师提供更多的支持和资源，以帮助教师更好地履行职责和发挥作用，如提供必要的教学资源和支持、营造良好的工作环境和氛围、鼓励教师积极参与学术交流和研究等。通过提供这些支持和资源，可以增强教师的归属感，提高教师的积极性和创造力，推动教育改革的成功。

第二节　高等教育教师薪酬管理与激励策略

一、高等教育教师的薪酬管理

（一）薪酬管理的基本认知

教师的薪酬是学校组织支付给教师的劳动报酬，包括工资、奖金、津贴和福利等，为了更加深入地了解高校教师的薪酬管理，首先要对教师薪酬的结构和内容有一个基本的认识，在此基础上再探讨薪酬管理的问题。

1.工资

学校向教师支付劳动报酬的主要形式是工资。工资通常与教师的教学工作直接关联，主要以货币形式体现，按照一定的时间支付，并且有一定的计量方式。

2.津贴

教师津贴是为了补偿教师在特殊工作性质、工作条件和工作环境中的额外工作消耗或者生活费用而设置的补充性劳动报酬。津贴包括教龄津贴、课时津贴和管理教务津贴等多种形式。

教龄津贴是根据教师的工作经验和资历而发放的津贴，体现了对教师工作经验和技能的认可和补偿。

课时津贴是根据教师所授课时数而发放的津贴，体现了对教师授课工作的认可和补偿。

管理教务津贴是根据教师在教务管理和学生教育管理方面的职责和工作量而发放的津贴，体现了对教师在这方面工作的认可和补偿。

这些津贴的设置都是为了更好地激励和鼓舞教师，提高他们的工作积极性和工作质量，同时也是对教师职业的一种尊重和认可。

3.福利

福利有广义和狭义之分。广义的福利包括工资，而狭义的福利是指高校额外支付给教师工资之外的报酬，这部分报酬一般以实物或者服务的形式支付，可以分为国家法定福利和学校自定的福利。

国家法定福利包括失业保险、养老保险、医疗保险、住房公积金等，这些福利是由国家法律规定的，所有职工都必须享有并按照一定比例缴纳费用。

学校自定的福利包括带薪休假、节日礼金、餐补等，这些福利是由学校自行制定的，一般是根据学校的实际情况和财力状况来确定的。这些福利可以是对国家法定福利的补充，也可以是学校为了吸引和留住人才而设置的。

总之，福利是职工劳动报酬的组成部分，是保障职工生活质量的重要措施。不同类型的福利能够满足职工的不同需求，对职工的工作积极性和满意度都有重要的影响。

4.奖金

奖金是高校为超出正常工作额度或者工作业绩突出的教师所支付的具有奖励性质的报酬。具体来说，学校发放给教师的奖金主要包括学期成绩奖金、年度考核奖金、科研成果奖金等。

学期成绩奖金是根据教师一个学期的教学成绩而发放的奖金，年度考核奖金则是根据教师在一年内的整体工作表现而设置的奖金。科研成果奖金则是根据教师在科研方面的成就而发放的奖金。

有一部分奖金是高校教师很容易就可以得到的，如学期成绩奖金，而有一部分则需要教师做出特别的贡献或者有突出的成就才可以拿到，如年度考核奖金和科研成果奖金。

总的来说，奖金具有浮动性和非普遍性的特点。具体来说，奖金的数额是根据教师的工作表现、教学成绩和科研成果等多方面因素来决定的，因此具有浮动性。同时，奖金也不是普遍发放的，只有那些在工作中有突出表现的教师才有机会获得。

（二）高校教师薪酬管理的目标

1.留住和吸引优秀的教师

教师的薪资满意度对他们的去留具有重要的影响。如果教师对薪资不满意，他们可能会选择离开高校，这将会对高校的发展造成一定程度的影响。因此，建立科学合理的薪酬制度以及对教师的薪酬进行有效的管理，对高校的发展至关重要。

通过建立科学合理的薪酬制度，高校可以吸引和留住优秀的教师，因为他们可以在高校中获得合理的薪酬和良好的工作条件。这有助于提高高校的教学水平和科研实力，从而提升高校的竞争力。

此外，有效的薪酬管理还可以促进教师的合理流动。如果教师的薪资合理，他们可能会更愿意留在高校，而不是频繁地更换工作单位。这可以促进教师的合理流动，为高校注入新鲜血液，使高校焕发新生机。

2.稳定教师心态

对高校教师的薪酬进行管理，除了为吸引和留住优秀的教师，促进教师的合理流动之外，还有一个重要的目的，那就是稳定教师的心态，让他们能够安心踏实地投身自己的教学事业。

如果教师的薪资不到位或者收入不公平，教师可能会感到不满，这将会影响他们的心态和工作热情。通过科学合理的薪酬管理，高校可以确保教师的薪资合理公正，从而提高教师的工作满意度和忠诚度。

当教师感到自己的付出得到了应有的回报，他们就会更加积极地投身工作，不断提高自己的教学水平和科研能力。这样，教师也会更加愿意为高校的长远发展和教育质量负责，从而为高校的发展打下坚实的基础。

（三）影响高校教师薪酬的因素

影响高校教师薪酬的因素主要包括以下几个方面。

1.职务

高校对教师的管理主要依据他们的学术职务，这也是形成以职务为基本标准的薪酬体系的原因之一。在这种体系下，教师的工资与他们所担任的职务紧密相关，职务越高，工资水平也就越高。

这种薪酬体系也存在一些问题。首先，过分注重职务等级的薪酬体系可能会鼓励教师追求更高的职务等级，而不是注重自身教学和科研能力的提高。这可能会导致一些教师只注重发表高层次论文、获得高级别奖项等工作，而忽略了教学质量和真正的研究成果。

其次，这种薪酬体系缺乏弹性。虽然职务等级的划分可以保证教师的基本工资水平，但无法反映教师在教学和科研方面的实际贡献和业绩。这可能会影响教师的工作积极性和创造力，也难以激励教师进行更多的教学和科研工作。

因此，对于高校教师的薪酬管理，除了以职务为基本标准外，还可以考虑其他因素，如教学质量、科研成果、学术声誉等。通过建立更加科学合理的薪酬体系，可以更好地激励教师发挥自己的才能和创造力，促进高等教育的持续发展。

2.学历

教师的学历是高校教师管理和职称评审中的重要因素。在高校招聘和职称评审中，通常会要求教师具备相应的学历背景，这也是确保教师具备必要的知识和技能，能够胜任教学和科研工作的基础。

同时，学历对教师的职业发展和晋升也有很大影响。在职称评审中，学历通常是一个重要的考核指标，对于相同职称的评审，学历越高，得分就可能越高，也就越有可能获得更高的职称和相应的薪酬待遇。

然而，仅仅将学历作为衡量教师能力和业绩的标准并不全面。教师的实际教学水平、科研成果、学术贡献等也是非常重要的评价因素。因此，在高校教师管理和职称评审中，需要综合考虑教师的多方面素质和业绩表现，建立科学、公正的评价体系，确保教师的薪酬待遇更加合理。

3.资历

教师的资历在高校教师管理和薪酬确定中具有非常重要的影响。资历是指教师从事学校教育教学工作的年限，它反映了教师在教学工作中的经验和水平。

在高校中，教师的资历通常被作为评估其工作能力和业绩的一个重要指标。资历越高的教师，通常意味着他们具有更丰富的教学经验、更出色的教学能力和更高的学术水平。因此，在确定教师的薪酬时，考虑教师的资历是很有必要的。

通过将资历作为薪酬管理的因素，可以鼓励教师保持对工作的热情和专注度，提高他们的工作满意度和职业认同感。同时，这也能够保证教师在职业生涯中的持续发展和进步，促进高校教育事业的不断发展。

需要注意的是，仅仅将资历作为薪酬确定的唯一因素并不合理。在确定教师的薪酬时，还需要综合考虑教师的多方面素质和业绩表现。

4.绩效

绩效工资是指根据员工的工作表现和业绩成果来确定的薪酬，它能够激励员工更加努力地工作，取得更好的成果。在高校中，绩效工资一般指根据教师的教学水平、科研成果、学术声誉等因素来确定的薪酬。

通过引入绩效管理，可以激励教师积极进取，不断提高自身的教学水平和科研能力，以求取得更好的工作成果。这不仅有助于提高高校的教育质量和学术水平，也有助于提高教师的工作满意度和职业自豪感。

需要注意的是，在实施绩效管理的过程中，需要建立科学、公正的评价体系，确保对教师的绩效评估能够客观、准确地反映其工作能力和业绩表现。同时，也需要考虑平衡绩效工资和其他因素的关系，避免过分强调绩效工资而忽略其他重要的因素。

（四）高校教师薪酬管理现存的问题

1.工资水平普遍偏低

高等教育是一个依赖智力的行业，教师的学历和知识水平比其他行业高得多。如果高校教师的工资水平过低，就很难吸引高层次的人才。然而，从目前的情况来看，我国高校教师的工资水平的市场竞争力较弱。与相同学历的其他行业人员相比，高校教师的工资水平偏低。目前，许多教师最希望实现的目标就是提高收入。

2.薪酬结构不合理

当前，我国高校教师的薪酬结构存在不合理之处，主要体现在两个方面。首先，薪酬结构较为复杂，包含的项目较多，且薪酬结构功能存在重复现象。这增加了学校薪酬管理的难度，导致管理效率难以提高。其次，基本工资与津贴福利的比例不合理。基本工资比例偏低，而校内津贴比重相对过高。这种薪酬结构可能导致教师过于关注短期收益，而忽视长期职业发展和学术研究。因此，有必要对当前不合理的薪酬结构进行改革，提高基本工资比例，简化薪酬结构，降低学校薪酬管理难度，提高管理效率，同时鼓励教师关注长期职业发展和学术研究。

3.福利制度不完善

我国高校教师的福利包括法定福利和高校自主规定的福利两部分。其中，法定福利主要是指五险一金，这部分相对固定。然而，高校自主规定的福利缺乏稳定性和灵活性。许多高校教师无法参与福利体系的设计，也无法根据自己的需求在规定范围内选择福利。

4.考核体系有待完善，收入差距明显

高校教师的薪酬通常是根据考核结果来确定或调整的，因此教师考核体系非常重要。然而，目前我国的高校教师考核体系存在有待完善之处。例如，许多高校仅局限于对教师的工作量、岗位出勤率、发表论文专著数量、科研项目数量等进行简单考核，而缺乏合理的评估标准或科学的指标体系来评估工作质量和科研成果。这往往容易导致不公平，抑制教师的工作积极性，也使工资的激励作用得不到有效发挥。

此外，不完善、不科学的教师考核体系也会导致教师之间的收入差距大，有些教师的收入很高，而有些教师的收入过低。这种情况不利于提高高

校教师的凝聚力和竞争力。

（五）高校教师薪酬管理的策略

1.提高高校教师的工资水平

提高高校教师的工资水平可以吸引和留住优秀的教师，从而有助于提高高等教育质量和推动社会发展。国家及高校可以通过多种手段来提高高校教师的工资水平。

第一，提高基本工资水平。通过提高基本工资水平，可以增加高校教师收入，从而吸引和留住优秀的教师。

第二，提高绩效工资水平。通过提高绩效工资水平，可以激励教师更好地完成教学和科研任务，提高教学质量和科研水平。

第三，提高福利待遇。通过提高福利待遇，可以增加高校教师的收入，从而吸引和留住优秀的教师。

第四，提供职业发展机会。通过提供职业发展机会，可以提升高校教师的职业吸引力，从而吸引和留住优秀的教师。

总之，提高高校教师的工资水平是保障高校教师工资报酬权的重要手段之一，有助于提高高等教育质量和推动社会发展。

2.贯彻与落实全面薪酬管理理念

全面薪酬管理理念是一种更加先进的管理理念，它不仅关注直接支付工资或提高福利待遇等货币性报酬，同时也注重非货币性报酬的支付。在高校实施全面薪酬管理，可以有效地提高教师的薪酬满意度，激发教师的工作热情和创造力，提高高等教育质量和推动社会发展。

3.构建自主薪酬管理体制

高校构建自主薪酬管理体制需要政府适当下放一些权力给高校，让高校在薪酬制度和管理上掌握一定的自主权，并鼓励高校拓宽实行资金再分配。此外，高校的薪酬分配制度与国家税收财政制度、社会保障制度合理衔接也是非常重要的。这样可以确保高校自主选择切合实际的分配模式和工资水平。

4.增加薪酬分配的公平合理性

薪酬分配的公平性和合理性对薪酬激励作用的发挥有着非常重要的影响。因此，高校管理者在分配薪酬问题上必须兼顾内部公平和外部公平。

内部公平是指在学校内部不同职务所获得的报酬贡献率分配的比值一致，保证内部薪酬分配的公平性。这需要高校管理者根据教师的职责、能力、绩效等因素来确定不同职务的薪酬标准，确保薪酬分配的公正性和合理性。

外部公平是指本校的薪酬标准与其他学校或其他一些行业相接近，甚至略高于其他高校，以保证本校教师的薪酬水平具有竞争力。高校管理者需要了解市场薪酬水平和其他学校的薪酬政策，根据实际情况调整本校的薪酬标准，吸引和留住优秀的教师。

在兼顾内部公平和外部公平的同时，高校管理者还需要认识到公平不等于平均，应体现多劳多得、优劳多得的原则。这意味着在薪酬分配中，对于那些工作量大、教学质量高、科研成果突出等表现优秀的教师，应该给予适当的薪酬奖励，以激励他们更好地发挥自己的才能和潜力。

此外，高校管理者还需要适当拉开教师之间的薪酬距离，避免薪酬水平过于平均化。这样可以激发教师的竞争意识，鼓励他们追求更高的绩效和更好的教学质量，推动学校整体的发展。

二、高等教育教师的激励策略

（一）高校教师激励的原则

1.个体差异原则

由于每个教师都有独特的基因特征和成长环境，因此他们有不同的需求和期望。为了充分挖掘教师的潜力并提高他们的工作积极性，有必要在激励机制的构建中考虑到这些个体差异。在激励过程中，应该通过了解每个教师的不同特征和需求，制定有针对性的激励措施。这样可以确保教师感到被重视并愿意投入更多的精力和时间来提高教学水平。

2.动态调整原则

在高校中，教师和教务之间存在一定的不匹配，但可以通过整体调整来改善。从不适应到适应是一个不断变化、动态的过程，这表明不匹配的情况是一种常见现象，而适应是一个渐进的过程。

3.社会实用原则

每个组织的形成和存在都有一定的环境基础，而这个环境对于组织成员来说是不可或缺的。这意味着高校在对教师进行激励时，必须考虑到教师所处的环境，即社会发展的要求。如果高校的激励机制不符合社会发展的要求，那么它就无法真正激发教师的工作热情。因此，为了真正激发教师的工作热情，高校的激励机制应该不断地适应社会发展的要求，与社会的需求和趋势相一致。只有这样，高校的激励机制才能起到真正的激励作用，促进教师工作积极性。

4.目标适度原则

在设定激励目标时，应该让目标清晰明确，难度适中，具有挑战性，并且可以量化衡量。高校教师在设定激励目标时，不应盲目追求高、宽、大的目标，而应寻找合适的规模。这意味着目标不能定得太高，否则教师会觉得无法实现，从而失去努力的动力。同时，目标也不能定得太低，否则教师不用太努力就能实现，无法激发其潜力。只有设定合理的目标，可动态调整目标，才能真正激发教师的主观能动性，释放出强大的工作能量，达到良好的激励效果。

5.公平竞争原则

为了满足教师的要求，高校教师的激励机制应该是公平的。通过营造和谐的校园氛围，可以引导教师树立正确的价值观，从而愿意以真正的专业能力在公平、公正的机制中参与竞争。

（二）高校教师激励的模式

1.物质层面的激励模式

（1）基本工资

作为人类灵魂的工程师，教师工作的首要目标也是维持生存。获得工资和补偿是满足这一基本需求的关键。因此，高校应当根据实际情况为教师提供基本工资。同时，还需要考虑教师作为知识工作者所需要满足的基本生活水平，以确定合理的大学教师基本工资。这样做不仅是保障教师生活的需要，更是确保高校人力资源制度稳定运行的基本要素。

（2）福利

除了教师的基本工资外，还需要提供额外的补偿，以提高高校教师的工作和生活水平，增强他们对工作环境的归属感。这些额外的补偿可以采取多种形式，如为教师子女提供学习机会、个人和全日制教育、休闲假期、假期津贴等。

在应用福利模式时，有必要考虑不同群体和水平教师之间的差异，选择有针对性的福利方法，以实现个人目标与整体目标的统一。这可以通过了解教师的需求、期望和职业发展计划来实现。在实现目标的基础上，高校应最大限度地降低成本，以确保资源的有效利用。

（3）奖金

奖金通常是对组织中员工完成任务或对组织忠诚的奖励，旨在加强鼓励积极行为，激励教师确立发展目标。高校为了表彰那些实现了工作目标的教师，并鼓励他们释放工作潜力和热情，以取得更好的教学成果，也应该考虑从教师长期和可持续发展的角度来设计奖励机制。

（4）资助

高等教育管理部门可以通过与社会力量合作，联合企业引进相关技术，充分吸引教学和研究项目的资金，为教师提供更多的研究机会和资源。

通过与企业的合作，大学可以获得更多的资金和技术支持，这将为教师提供更多的研究机会和资源，促进他们的个人发展和学术研究。此外，这种合作还可以为学生提供更多的实践和就业机会，从而提升高校的吸引力和竞争力。

在提供物质支持方面，高等教育管理部门可以采取多种方式，如建立奖励机制、改善教师的工作环境和待遇等。通过这些措施，教师可以感受到温暖和集体关怀，从而激发他们的热情和创造力，积极投入教学和研究工作中。

2.精神层面的激励模式

（1）职业生涯发展

教师职业在社会上享有很高的认可度，因此大学教师这一职业本身就是教师的动力和内在的心理满足。选择这个职业的人比普通人有更高的内在价值追求。因此，大学管理者需要创造一个可持续、稳定、不断带来新挑战的平台，让这些具有强烈自我实现意图的大学教师能够以自己的方式塑造自己的人生目标，发挥自己的优势，并尽一切努力实现这些目标。在这个过程中，管理者还应该尽可能考虑教师的现状，预测他们在追求目标时可能出现的问题，并在发展中建立有效的机制来帮助教师实现职业目标。

（2）成长成才

作为一名大学教师，尤其是年轻大学教师，他们通常希望不断提高自己的教学和学术水平，在大学里获得更多关键的专业技能，并在大学外使用这些技能。

因此，高校需要建立合理有效的用人机制，把握好调配与培养的关系，造就一批高素质、高水平的教师队伍，使其成为高校发展的有效动力。这意味着高校应该注重培养年轻教师的技能和能力，同时也应该考虑如何吸引和留住这些优秀的年轻教师，以保持高校的竞争力。

（3）职位晋升

在职业成长和发展的过程中，职位晋升可以给人们带来满足感和成就感。在专业发展的过程中，高校教师不可避免地要争取晋升和进步。这种激励方式对高校教师具有重要的激励作用。一名善于教学的优秀教师不一定能成为一名合格的管理者。大学可以通过设置专业和技术培训来拓展教师的技能。

（4）尊重和理解

获得信任和尊重是一种巨大的心理满足。在大学的知识工作者群体中，这种感觉往往会更强烈地激励他们的行动，并成为他们的内在驱动力。这是因为受教育水平越高，高层次需求就越强烈。通过受到尊重和理解，教师会对自己的工作感到认可，对自己的工作能力更有信心。当尊重和理解的需求得到满足时，教师往往表现出更积极的态度，并做出更大的努力来保持这种积极的感觉和良好的形象。同时，通过表达对教师的理解和认可，管理者也可以让教师更加尊重他们。因此，教师和管理者之间的关系变得更加和谐，管理者和被管理者之间的关系进入良性循环，往往会给激励带来乘数效应。

（5）荣誉激励

获得荣誉是每个工作者的愿望。春秋时期的政治家管仲曾说："粮仓固则知礼，温饱则知荣辱。"现在，高校教师基本实现了"粮仓固"和"温饱"。"知礼""知荣辱"是一种高层次的要求。除了满足尊重和认可的需要，人们还希望得到他人的赞扬和认可。因此，应为优秀教师设立"优秀教师""模范个人""最美教师"等荣誉称号并予以表彰。这些表扬和表彰是对教师工作创造价值的肯定和鼓励。教师的内心会产生一股强大的力量，促使他们保持自己的优秀行为，也会激励其他教师。

（三）高校教师激励机制的路径

通过对国内外高校教师激励理论和实践应用的研究，有必要遵循人才作为社会资源的基本管理原则，解决高校教师激励问题，以"以人为本"为指导，结合自身实际，完善高校教师激励机制，改善组织文化，加强教师培训和管理，制定良好的学习政策，为教师专业发展搭建良好平台，使高校教师获得合理的待遇。在设计激励机制时，应根据教师的知识结构、职称水平、能力水平、综合实力等对其进行分类。应选择多种激励管理模式，为不同类别和级别的教师建立激励机制。努力为大学教师创建一个宽松适度的当代激励体系，提供一个全面、合理、公平的评价体系，使教师能够积极参与工作，愉快、高效地执行教学和研究任务，从而协调和促进教师的个人发展和大学的组织发展。具体来说，高校教师激励机制的路径包括以下几个方面。

1.在市场规则的基础上建立薪酬体系

马斯洛的需求层次理论和ERG理论都明确指出，要实现激励效果，必须关注基本需求的满足。公立学院和大学的教师是公共机构劳动力的一部分。近年来，政府不断提高公务员和事业单位员工的工资水平。尽管教师是以知识为基础的员工，并且比其他类型的员工具有更强烈的高层需求，但大学教师的工资水平反映了他们教师身份的价值，也是自尊和自我价值的基础和保证。如果大学想保持对优秀教师的吸引力，就必须努力提供薪酬激励。我们应该考虑当前的时代背景，结合学校的实际情况，综合考虑当地的经济水平和人民的基本生活质量，努力使教师工资的增长跟上物价增长，并将当地人力资源部门倡导的年薪增长与当地平均工资水平相结合，为优秀教师提供有竞争力的薪酬。

2.在公平理论的基础上建立绩效评估体系

只有实现公平分配、平等分配或按需分配，才能满足人们的要求。这意味着工资必须根据工作表现进行分配，也就是说，根据工作投资和取得的成果进行分配。人们喜欢比较，看看自己是否受到公平对待。如果经过比较，总体上的工资是公平的，便会保持原来的工作热情；如果人们觉得自己的工资比完成同样工作量的人低或高，则心理就会受到影响。教师考核不是最终目的，而是激励和监督教师提高工作积极性、提高绩效、提高工作效率的一种手段。高校应该通过有效合理的绩效管理促进高校教师的发展和进步。

3.在满足需求的基础上完善社会保障机制

大学的投资者和管理者需要明白，如果他们想稳定教职员工队伍，就需要解决教师的后顾之忧。这就要求高等教育的领导者了解社会保障制度的各个方面，在满足教师需求方面具有前瞻性和及时性，增加对有特殊成就的人才和行业内罕见人才的社会保险金额，增加住房公积金的份额，以及其他类型的社会保障福利，以保证高校教师退休后的生活质量。这样，高等教育机构才能有足够的向心力来唤起教师的主人翁意识，调动骨干和优秀教师的积极性，更好地留住他们，鼓励他们有效、积极地工作。

4.在重视教学的基础上加大科研支持力度

专业学科的科研水平决定了一所大学在某一专业领域的影响力。此外，一所大学培养的学生数量和质量决定了其在大学中的竞争实力。高校要想吸引更多优秀学生，提升自身影响力，必须坚持以科研促教学改革、以教学促科研、科研与教学共同发展的基本思路，支持教师开展科研工作。要重视并加大对教师科研资源的投入和各方面的支持，鼓励学校教师积极参加各种讲座、竞赛等相关专业活动，帮助教师从企业获得更多资金和技术支持。学校应该在科研成果的形成中发挥积极的引领作用，使学校的年轻教师能够迅速成长。

5.在发展需求的基础上完善人才培养体系

知识型教师希望在自己的专业领域取得更多成就，这反映了他们在该领域的价值。大学应该使年轻教师制度化，提供培训机会，并激励他们。高校应根据自身条件和要求，在培养时间和成本方面建立科学合理的支持机制，以提高青年教师的教育水平；必须为教师提供领导力培训，并确保学院的专业发展。在改进培训体系时，应对每个培训课程进行培训需求分析。

第三节　高等教育教师的考核与培训

一、高等教育教师的考核

高校教师考核是指学校和其他的教育机构根据国家制定的教师职务任职条件与职责，运用定性和定量结合的办法，对高校教师的工作进行定期或者不定期的考查与评价。教师考核是一项基础性、经常性的工作。考核的目的是通过对高校教师工作水平、工作能力、工作态度和工作成绩的全面了解，对教师的岗位、工资、职称等进行客观的调整。

（一）高校教师考核的原则

1.条件公开原则

条件公开原则在高校教师考核中的落实，对确保考核的公平性和透明度至关重要。为了真正贯彻落实这一原则，有必要制定科学、具体的考核内容和标准，并建立与考核配套的规章制度。

首先，对考核的内容和标准进行明确规定是非常重要的。这包括确定考核的指标、评估的标准、评估的方法等。这些内容应该根据教师的职责、任务和目标来制定，确保考核内容与教师的工作密切相关。此外，需要确保考核标准是清晰、具体、客观的，避免出现模糊不清或主观随意的评估。

其次，公开原则要求将考核的内容和标准向全校所有师生公开。这有助于消除暗箱操作和幕后交易的可能性，使所有人都了解考核的依据和流程。这种透明度可以提高师生对考核的信任度，也有助于教师了解自己的绩效水平，为今后的工作提供指导。

最后，与考核配套的规章制度也需要制定。这包括对评估程序的规定、对评估结果的处理方式、对申诉机制的设立等。这些规章制度应该确保考核的公正性和公平性，避免出现不公正的行为。同时，建立有效的申诉机制可以确保教师对评估结果有异议时能够得到合理的解决。

2.奖惩公平原则

考核与奖惩的结合能够更好地发挥考核的作用，激发教师的工作积极性和创造力。在高校教师考核中，公平的奖惩可以鼓励优秀教师，同时也可以对表现不佳的教师起到警示作用。

对于优秀教师，适当的奖励可以表达对其工作质量和贡献的认可，同时也可以激励他们在未来的工作中继续保持优秀表现。这些奖励可以是物质奖励，如奖金、礼品等，也可以是精神奖励，如公开表扬、颁发证书等。

对于表现不佳的教师，适当的惩罚也可以引导他们改进工作表现。这些惩罚可以是警告、罚款、限制晋升等，但需要注意的是，惩罚要遵循公平公正的原则，不能过于严厉或主观随意。

需要注意的是，奖惩要与考核结果相结合，不能出现不匹配的情况。只有这样，才能确保考核的公平性和透明度，同时也能够激发教师的工作积极性，提升教师的工作质量。

3.考核公正原则

公正是对教师考核最基本的要求，指在考核中要实事求是，公正对待事实和每一位教师，不掺主观因素。贯彻客观公正原则，首先要做到标准客观，对考评标准的确定要认真对待，充分论证，尽可能考虑周全，一经确定就不要轻易改变。其次，考核的内容要全面，要反映教师发展变化的主要因素，具有系统性，不能以偏概全。最后，考核要讲究方法和技术，运用多种考核手段，定性与定量相结合，以增强说服力。

（二）高校教师考核的主要内容

根据《中华人民共和国教师法》规定，可以将高校教师考核的内容分为以下几个方面。

1.政治思想

高校教师政治思想考核是对教师政治立场、思想品质、道德面貌等方面进行考察、审核，是教师职业考核的一个重要方面。在政治思想方面，高校教师应当具有坚定的社会主义政治立场，坚持四项基本原则，拥护中国共产党的领导，遵守宪法、法律和职业道德规范，贯彻国家教育方针，热爱高等教育事业，具有良好的职业道德，以身作则，为人师表，教书育人，尊重学生，爱护学生，关心学生，具有奉献精神，勇于探索创新，具有高尚的道德品质和崇高的思想境界。

2.业务水平

业务水平考核主要是对教师的文化科学知识和专业知识的掌握程度进行考核，以判断其是否有能力进行该学科的教学。在业务水平方面，高校教师应当具备广博的文化科学知识和专业知识，能够胜任所授课程的教学工作，并能够根据学生的不同需求和特点灵活运用各种教学方法和手段，提高学生的学习效果和综合素质。同时，高校教师还应当具备较高的自学能力、创新能力、协作能力和表达能力等业务能力，能够不断更新知识、提高自身素质，积极参与教育教学改革和科研工作，为学校的发展和学生的成长作贡献。在进行业务水平考核时，应当注重对教师的实际表现进行评估，包括对其教学水平、科研成果、学术论文、教学质量等方面进行综合评价，以全面了解教师的业务水平和能力。

3.工作态度

工作态度主要考察教师是否具有积极的工作态度和良好的人际关系。在对待工作方面，高校教师应当具有高度的社会责任感和职业道德，对工作认真负责，积极主动，尽心尽责地完成各项教学任务和工作职责。同时，教师应当具备积极进取的精神，不断探索创新，提高自身教学和科研水平，为学校的发展和学生的成长做出积极贡献。在人际关系方面，高校教师应当与同事、学生和领导保持良好的关系，以诚恳、宽容、协作的态度对待他人，尊重他人的意见和观点，积极参与团队协作，共同完成教学和科研任务。在进行工作态度考核时，应当注重对教师的实际表现进行评估，包括对其工作责任心、工作积极性、协作能力、沟通能力等方面进行综合评价，以全面了解教师的工作态度和人际关系。

4.工作实绩

高校教师的工作实绩主要包括完成工作的数量、质量和成果等方面。其中，工作质量是反映教师业务水平的重要内容，因此，在工作实绩的考核中，对工作质量的考核是至关重要的。

工作质量的考核主要是对教师所完成的工作在质量方面的评估。在教师的工作中，质量主要包括教学内容的准确性、科学性，教学方法的适宜性、有效性，教学进度的合理性、有序性，以及学生的学习效果、学习效益等方面。通过对这些方面的评估，可以全面了解教师的教学水平和业务能力。

工作成果是对教师工作效果及工作效益的评价，主要通过学生在各方面的发展水平、学习成绩、学习能力等方面来考核。具体来说，可以通过学生的考试成绩、课程通过率、毕业率、就业率、各类竞赛获奖情况等方面来评估教师的工作成果。

需要注意的是，工作实绩的考核应该以事实为基础，以数据为依据，避免主观臆断和片面性。同时，应该根据不同的学科、不同的课程、不同的年级等实际情况，制定符合实际情况的考核标准和指标，以保证考核的针对性和科学性。

（三）高校教师考核的方式

1.定期考核与不定期考核

高校对教师进行定期考核和不定期考核的目的主要是评估教师的教学和科研表现，以及工作业绩。定期考核一般是在固定的某一段时间内集中进行，包括季度业绩考核和年度业绩考核。不定期考核则具有突发性，通常是在没有提前通知教师的情况下进行，如对教师进行职称评审。

定期考核的周期可以根据学校的具体情况而定，但比较合理的定期考核应该是一年一次。这样可以及时了解教师的教学和科研情况，发现问题并及时采取解决措施，促进教师的职业发展和教学质量的提升。

除了定期考核外，不定期考核也是高校教师管理中的重要部分。不定期考核的目的是评估教师的特定方面或者解决特定问题，如对教师的职称评审、对特定项目研究成果的评估等。

无论是定期考核还是不定期考核，都应该遵循公平、公正、公开的原则，确保考核的客观性和准确性。

2.定量考核与定性考核

定量考核是将教师的工作价值通过数量化的分析和计算变得具象化，具有客观、精确的优点。这种考核方法主要应用于那些可以通过数据进行衡量的方面，如教学工作量、科研成果数量等。然而，定量考核也存在局限性，因为教师的工作涉及很多非量化的因素，如教学质量、学生心理状态等，这些因素难以通过简单的数字来全面反映。

定性考核则是通过对教师工作进行概念和程度的考核，以此来表明考核对象的性质和程度。定性考核具有便于操作和效率较高的优势，能够对教师整体情况有更深入的了解。定性考核与参与考核的主观情感有关，因此可能存在主观性和不客观的问题。

在实际的考核过程中，应该充分发挥定量考核和定性考核的优势，将两种考核方法结合起来使用。这样可以兼顾教师工作的定量和定性方面，能够更全面地评估教师的工作表现。同时，也能更好地发挥两种考核方法的优点，提高考核的准确性和效率。这样的综合考核方法更能够反映教师的实际工作情况，也更加科学和合理。

3.自我考核与他人考核

自我考核是教师自我审视和提高的过程，需要注意实事求是，以看清自己的价值、发扬优点和改正缺点。他人考核包括专家考核、同事考核和学生考核等，其中同事考核和学生考核是较为常用的考核方法。在采用学生考核这种考核方式时，学校需要做好相关人员的工作。领导需要做好组织工作，保证考核的顺利进行。同时要解除教师和学生的思想顾虑，让教师明白这种考核是为了提高教学质量，而学生则要诚实且无保留地将自己的意见反映给老师。

4.综合考核与单项考核

综合考核是对教师的各个方面进行综合性的考察与评价，包括思想政治表现、业务水平和工作成绩等多个方面。单项考核则是有针对性地对教师的某一个方面进行考察与评价。不论是综合考核还是单项考核，都应该按照规定科学合理地进行，不能随意进行。

需要指出的是，在实际的考核工作中，通常不是单独使用某种考核方法，而是根据考核内容和要求灵活选择和应用多种方法。制定科学合理且具有可行性的考核标准是进行教师考核的前提。这个标准要能够反映教育教学工作的本质特征和基本规律，符合教学计划和教学大纲的有关规定，同时能够体现教师工作质与量的基本要求，并且还应该适应教育改革的需要。

二、高等教育教师的培训

（一）高校教师培训的作用

1.提高人力资源的价值

通过全面而有效的培训，可以充分开发人力资源，大幅提升员工个体以及整个团队的价值。对教师进行培训，实际上是对他们进行投资，因为这种培训可以提升高校教师队伍的整体价值，确保他们能够持续适应社会的发展。

2.提高工作绩效

通过培训，高校教师可以获取最新的知识技能，从而改进教学方法，提高教学水平和质量，进而提升他们的工作绩效。

3.促进学校的和谐发展

对高校教师进行培训有助于促进学校的和谐发展。通过培训，教师能够深刻感受到学校对他们发展的重视和期望，这会极大地激发他们的学习和工作热情。同时，培训也能增强他们对学校的认同感，这有助于保持整个教师团队的稳定性，从而提升学校的和谐度。

4.提升学校形象

高校对教师进行的系统化培训不仅可以提升教师的专业能力，同时也能激发教师的工作热情和责任心。教师个体综合素质的提高有助于建立一支具备卓越素质和修养的教师队伍。而这样的优秀教师队伍不仅可以创建出优秀的校园文化，还可以提升学校的整体形象。

5.提升学校的改革创新能力

教师之间的学习交流也是高校与外界进行信息交流的过程，因为教师的进步就是学校的进步。通过这种积极的交流方式，高校可以提高本校在各方面的改革创新能力。

（二）高校教师培训工作的流程

1.确定培训需求

确定培训需求是高校教师培训工作的重要流程。通过对高校教师的培训需求进行调查和分析，可以了解教师需要提高的能力和技能，以及他们的实际工作需求，从而有针对性地制订培训计划和方案。确定培训需求可以采用以下几种方法。

第一，教师自我评估。教师可以通过自我反思和评估，了解自己的能力和技能水平，找到需要提高的方面。

第二，同事评估。同事之间可以相互评估，了解彼此的能力和技能水平，发现需要共同提高的方面。

第三，学生评估。通过学生的反馈和评估，了解教师的教学质量和存在的问题，从而确定需要改进的方面。

第四，领导评估。领导可以通过观察和了解教师的工作情况，评估教师的能力和技能水平，发现教师需要提高的方面。

2.制订培训计划

制订可行的培训计划是高校教师培训工作的重要环节。在制订培训计划时需要考虑以下因素。

第一，培训时间。根据培训需求和教师的实际工作需求，确定合适的培训时间，确保教师能够参加培训。

第二，培训地点。选择适合教师的培训地点，确保教师能够方便地到达培训地点。

第三，培训内容范围。根据培训需求和教师的实际情况，确定合适的培训内容范围，确保培训内容能够满足教师的需求。

第四，培训组织和管理方式。根据培训内容和教师的实际情况，选择合适的培训组织和管理方式，确保培训能够有序进行。

第五，受训人员。确定受训人员，包括需要参加培训的教师和负责培训的人员。

第六，培训预算。根据培训的实际情况和资源需求，制定合理的培训预算，确保培训的经费得到充分保障。

在制订培训计划时，需要充分考虑以上因素，确保培训计划可行、受训人员明确、培训内容符合实际需求、预算合理。同时，还需要与相关部门和教师进行沟通和协调，确保各方能够协调好，共同推进培训工作的顺利开展。

3.进行培训设计

培训的执行阶段是从培训设计开始的。在培训设计阶段，培训设计者和培训教师需要完成以下任务。

第一，规划培训课程体系。根据培训需求和教师实际情况，设计合适的培训课程体系，确保培训内容系统、全面，能够满足教师的需求。

第二，开发资源。根据培训课程体系，开发相应的培训资源，包括教材、课件、教学视频等，确保培训内容和资源能够充分支持教师的培训。

第三，设计项目模块和课程。根据培训需求和实际情况，设计具体的项目模块和课程，包括教学目标、教学内容、教学方法等，确保培训内容和教学活动能够符合实际需求和教师情况。

第四，教学准备。根据设计好的项目模块和课程，准备相应的教学材料和工具，包括教案、教学PPT、教学视频等，确保教学能够顺利进行。

在培训设计阶段，培训设计者和培训教师需要充分考虑培训需求和教师实际情况，制订合适的培训方案，确保培训能够有序、有效地进行。同时，培训设计对培训效果有直接的影响，设计合理的培训方案能够增强培训效果，促进教师的专业发展和能力提升。

4.实施培训计划

培训的实施阶段是至关重要的环节，关系到高校教师能否真正学习到有用的东西。在这一阶段，培训教师需要充分考虑受训教师的实际情况和需求，制订合适的培训方案，确保培训能够有序、有效地进行。

5.进行培训反馈与总结

对培训工作进行总结和反馈评价是非常重要的环节。通过总结和反馈评价，可以了解本次培训的效果和质量，发现存在的问题和不足，为今后的培训提供参考。具体包括以下方面。

第一，培训教师的考评。对培训教师的表现进行评价，包括教学态度、教学方法、教学效果等方面，以了解培训教师的能力和水平，为今后的培训提供参考。

第二，培训成果和应用反馈。了解教师对培训内容的掌握情况和应用情况，包括教师的学习成果、实践能力、教学成果等，以评估培训的效果和质量。

第三，培训组织管理的考评。对培训的组织和管理进行评价，包括培训计划的制订、培训资源的准备、培训实施的过程等方面，以了解培训管理和组织的有效性，为今后的培训提供参考。

第四，培训总结、资源归档。对培训进行总结和资源归档，包括培训总结报告、教学资源、教师资料等，以备今后参考和查阅。

进行培训反馈和总结有利于发现本次培训中存在的问题和不足。同时，也可以为今后的培训提供参考，不断提高培训的质量和效果。

（三）高校教师培训工作的形式

不同层次等级的教师需要的培训不尽相同，高校教师培训工作的形式主要有以下几种。

1.基础培训

基础培训是为那些还没有确定职务或担任助教职务的青年教师提供的，主要帮助他们适应教学岗位，提高他们的教学能力。基础培训的内容主要包括以下几方面。

（1）教学基本功

在基础培训中，教学基本功是必不可少的。这包括教案编写的规范和技巧、课件制作的方法和技巧、课堂管理的策略和技巧、教学评估的方法和技巧等。通过这些基本功的训练，青年教师能够更好地掌握教学技能，更好地应对教学工作中的挑战。

（2）学科知识

对于青年教师来说，对所授学科的基础知识进行系统的学习和掌握是必要的。这包括学科的基本概念、基本理论、基本方法等。通过学科知识的培训，青年教师能够更好地理解教学内容，更好地传授给学生。

（3）教育心理学

了解教育心理学的理论和原理，掌握学生心理特点和教育规律，有助于更好地开展教学工作。通过教育心理学的培训，青年教师能够更好地理解学生的学习心理和行为，更好地设计教学方案和教学方法，提升教学效果。

（4）教育技术

现代化的教育技术工具能够提升教学效果，因此学习使用这些工具是必要的。这包括多媒体教学、网络教学、在线教育等技术。通过教育技术培训，青年教师能够更好地利用现代化教育技术，提升教学效果。

（5）师德师风

培养良好的师德师风，树立正确的教育观念和职业态度，对青年教师的成长和发展至关重要。通过师德师风的培训，青年教师能够更好地理解教育的本质和教师的职责，更好地为学生树立榜样，做到为人师表。

在基础培训阶段，可以采用多种形式，如集中培训、导师制度、观摩教学等。集中培训可以邀请专业人员进行系统讲解和指导，导师制度可以安排有经验的教师进行一对一辅导，观摩教学可以让青年教师实地观察有经验教师的教学过程。同时，需要给予青年教师充分的指导和支持，帮助他们逐渐适应教学工作，提高教学能力。

2.深化培训

深化培训是针对担任中级岗位职务且年龄在30岁左右的高校教师开展的，帮助他们进一步提高专业技能、科研能力和教学水平。这一阶段的教师正处于事业发展的关键时期，通过深化培训，可以促进他们的专业发展和教学质量的提高。

深化培训的方式包括参加学术会议、研讨班，接受继续教育等。这些活动可以帮助教师了解学科最新最权威的发展动态，开阔学术视野，提高科研能力和教学水平。在实践中，继续教育是深化培育高校教师的重要途径，可以促进教师的专业发展和提升高等教育的质量。

3.创新培训

对已经拥有高级职称的高校教师群体进行创新培训需要从以下几个方面入手。

（1）物质条件支持

提供良好的物质条件是开展创新研究的重要保障。其包括提供先进的实验设备、丰富的文献资料和宽敞的工作场所等，以满足教师们的研究需求。此外，学校为教师们提供出国进修深造的机会，可以让他们接触到国际前沿的科学技术和学术成果，开阔视野，提升创新能力和竞争力。

（2）学术交流与合作

鼓励教师们参加各种国际学术研讨会，可以让他们了解最新的学术动态和发展趋势，开阔学术视野。与国内外行业顶尖学者进行交流，可以学习到先进的研究方法和经验，同时也可以将自己的研究成果展示给更多的学者，扩大学术影响力。通过合作研究、共同开发项目等方式，可以促进教师之间的合作与交流，提高科研效率和成果水平。

（3）激发创新热情

通过多种形式的活动，如学术讲座、项目合作、研究小组讨论等，激发教师们的创新热情和潜力。可以邀请知名学者和专家来校举办讲座，让教师们了解最新的科研成果和研究方向。同时，鼓励教师们积极探索新的科学领域，提出新的理论和方法，引导他们进行跨学科的研究和探索，激发他们的创新思维和创造力。

（4）提高研究水平

通过培训，帮助教师们提高科研水平，掌握科学研究的新方法和技术。可以邀请国内外知名专家进行培训和指导，让教师们掌握最新的研究方法和技能，提高科研的质量和水平。同时，鼓励教师们进行跨学科的研究和合作，拓宽研究领域，为学校和社会做出更大的贡献。

（5）增强团队合作意识

鼓励教师们建立合作团队，共同开展科学研究，发挥各自的优势，互相帮助，共同进步。可以通过组织团队建设活动、推动合作项目等方式，提高团队合作意识和协作能力。同时，鼓励教师们进行跨学科、跨领域的合作，共同解决复杂的科学问题和社会问题，向科学研究的深度和广度进军。

通过以上措施，可以为已经拥有高级职称的高校教师群体提供全面的创新培训，激发他们的创新热情和潜力，提高他们的研究水平和学术影响力，为高等教育的创新发展做出更大的贡献。

（四）高校教师培训管理的注意事项

1.准确把握高校教师培训制度

对高校教师进行培训需要遵守相关的政策和法律文件。这些文件包括《高等学校教师进修暂行办法》《关于加强高等学校教师进修工作的通知》《关于建立高等学校师资培训交流中心的通知》《中华人民共和国教师法》《关于新时期加强高等学校教师队伍建设的意见》等。

2.做好高校教师的职前培训

高校教师的职前培训是指对应届毕业进入高校任教的青年教师进行的一种职前训练，旨在帮助他们更好地适应高校教学工作，提升教学水平和专业素养。职前培训内容一般包括教育教学理论、教学方法、教育心理学、高等教育法规等相关知识，同时也可能涉及专业领域的知识和技能培训。

3.做好高校骨干教师的在职培训

对高校骨干教师进行在职培训，通常采取以下步骤。

第一，根据高校的教学需求和目标，制定明确的选拔标准，包括学历、职称、教育教学经验、教师素养、科研成果等方面。

第二，根据选拔标准，对现有教师进行评估和筛选，挑选出符合条件的骨干教师候选人。

第三，通过综合评估候选人的资质和表现，选拔出最优秀的骨干教师。

第四，根据骨干教师的需求和实际情况，制订个性化的培训计划，包括培训目标、课程设置、学习进度、评估方式等。

第五，按照培训计划，采取多种形式（如研修班、专家讲座、小组交流等）对骨干教师进行在职培训，确保他们能够获得最新的专业知识和技能。

第六，定期对骨干教师的培训效果进行跟踪评估，及时调整培训计划，确保培训目标的实现。

通过以上步骤，可以确保对高校骨干教师的在职培训能够取得良好的效果，提高他们的专业水平，帮助他们更好地胜任教学和科研工作。

4.做好高校教师的校本培训

校本培训是一种基于学校、服务于学校、服务于教师发展的一种教师继续教育形式。它不局限于所在学校的培训，可以调动多方资源为培训活动服务，并且可以涵盖多方面内容和采取多种形式。对高校教师进行校本培训，不仅有利于教师和学校的个性化、自主化发展，还可以充分发掘教师工作中的教育资源，提高教育教学质量。

第四节 高等教育教师的专业发展

一、教师专业发展的含义

教师专业发展是一个全面的过程，旨在提高教师的专业水平，使其能够在教育领域中更好地发挥自己的作用。这个过程不仅包括教师的专业训练和知识技能的习得，还包括教师的专业自主和道德表现，以及专业能力的不断提高。教师专业发展的目标是实现教师专业化，以教师个人成长为导向，以提高教师的专业素质为内容，使其成为更好的教育者。

二、高校教师专业发展的影响因素

（一）校长的领导艺术

校长应该将教学和管理的责任交给教师，提供充足的实践培训机会，为教师专业成长搭建广阔的平台，并鼓励教师在工作过程中接受测试和锻炼。只有经历了这种锻炼和提炼，教师才能不断地奋斗、充实和完善自己，提高自己的教育教学能力和管理能力，不断提升自己的专业水平。例如有时学校会议上校长的一句表扬，校务会议上的一次提名和表彰，都能被老师铭记。校长要发现每位教师在工作和生活中的长处，及时给予真诚的表扬和鼓励，让教师在自信、认可和尊重的氛围中积极展示个性，扬长避短，实现专业成长。作为校长，对教师有高标准、严要求是极为必要的，但更重要的是要正确对待他们的缺点和不足，理解他们的不足。

（二）教师之间的合作

教师之间的合作主要强调教师专业发展中的同伴互动和合作文化的构建。然而，由于客观因素的影响，如果行政倾向过于强调统一标准，不利于教师的专业发展。因此，有必要将这种过于行政化、注重教学标准的组织转变为注重教师专业发展、激发教师教学创新潜力和动力的组织。也就是说，教师应该组成一个具有内部凝聚力和向心力的团队，而不是仅仅依靠外部的约束。

（三）教师的知识管理

对教师来说，知识管理是一种以知识转化为中心的知识管理活动，旨在促进教师个人知识的利用和创新。教师的知识管理可以分为几个基本阶段，包括知识的获取、存储、共享、应用和创新。

三、高校教师专业发展的方式

（一）专业对话促进专业知识素养的提升

1.加强管理制度的建设，适应教师专业发展需要

（1）不断充实和完善促进教师发展的支持体系

首先，各级教育行政部门要在预算中系统增加职前培训经费和职后培训经费，促进教师专业发展，通过政策和经费保障，为教师专业发展提供政策指导和项目支持。其次，对于大学来说，有必要从内部组织结构和管理入手，避免功利思想，在强调大学服务社会的同时，也强调教师在人才培养中的作用。

（2）明确政策导向和引领生态发展过程

高校教师专业发展在社会中的生态发展需要明确的政策导向，教师的专业发展应被视为一个终身持续的过程。这就要求每个人都要有专业知识的积累，更重要的是要促进知识成长和机制的更新。例如，对于教师来说，他们应该坚持学术导向，高校应为他们的学术发展提供政策支持，促进他们学科价值的充分发挥。此外，教师也应该享受学术休假，根据他们的教育背景、职称和科目，可以享受不同的假期。这将使教师有更多的精力和动力来提高教学水平。

2.改善评价方式，提升教师自我发展意识

（1）注重入职前的评价与反馈。为了弥补教师专业发展中的不足，有必要使用某些工具对入职前的评估结果进行反馈。

（2）注重教师入职后的评估与考核。

（3）建立促进教师成长的发展性评价机制。目前，许多教师评价都是基于年度评估的静态评价，基本上没有教师发展评价。发展性评价旨在促进教师的持续发展。在考察教师长处和短处的基础上，相关管理部门可以采取适当措施激励教师的发展，使他们的长处得到充分发挥。注重教师和学生的发展，以实现相互和谐发展为主要目标。

（二）以构筑生态自我促进师德境界的提升

教师通过关注自身利益来定位自己的职业角色、家庭角色和社会角色，并能够分析这些角色。在充分考虑自身利益时，教师还应保持开放的心态，将自己置于与家人、同事和学生的生态关系中进行思考和反思，而不是单独考虑。这不仅能促使教师更好地了解和认识自己，同时也能引导他们以积极进取的心态面对学术发展，专注于建立积极的生态自我，能够随时带着职业自信和自豪感更加努力地工作。[①]

从教师专业发展的角度看，教师必须具有反思的精神和意识，能够反思自身的职业道德。

1.明确高校教师角色含义，推进教师建立生态自我

纵观历史，教师被称为灵魂工程师和辛勤工作的园丁，被视为知识的传播者。从生态学的角度来看，首先，教师必须被视为个人，既有自然的，也有社会的，能够有自己的长处和短处，有自己的情感和快乐。

2.改变道德参差不齐现状，打造全方位的职业形象

学校有必要根据教师的成长模式与他们合作，帮助他们更清楚、更全面地了解自己的个性、能力、兴趣和价值观。在这个过程中，教师应积极参与学校决策，提出自己的意见和想法，这是教师融入大学、塑造专业形象的重要方面。

---

① 杨元妍.高校教师专业发展生态论[M].北京：中国纺织出版社，2019.

第四章　高等教育的学生管理研究

在教育的广泛领域中，高等教育以其深度和广度尤其引人注目。它是学生从基础教育过渡到专业领域的关键阶段，也是他们从学校生活跨越到职场生活的桥梁。在这个重要的阶段，学生管理的问题常常引起人们的关注。本章即对高等教育学生管理的相关知识进行简要阐述。

第一节　学生管理的内涵

一、学生管理的概念

学生管理是指在一定教育理念指导下，学校管理者通过各种组织和方式，有目的地对学生的各种活动进行计划、组织、协调和控制，以实现学生德智体美各方面的发展，使其成为社会主义事业的建设者和接班人的过程。

二、高校学生管理的价值

高校学生管理具有多重价值，主要表现为以下几个方面（图4-1）。

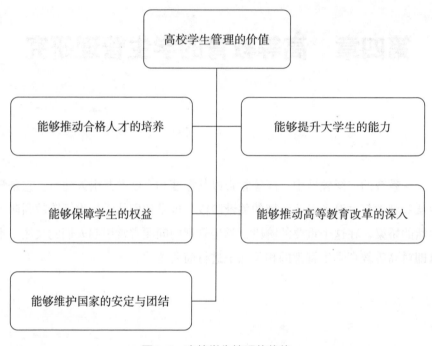

图4-1　高校学生管理的价值

（一）能够促进合格人才的培养

高校学生管理工作可以通过制定科学合理的管理制度规范学生行为，保障校园安全，营造良好的学习环境和氛围，为学生提供更好的学习条件和环境。另外，在高校学生管理工作中，全员育人意识的强化、科学监控机制的建立、考核评价方式的推行以及信息数据的精细化管理都是十分重要的。只有全员参与、协同推进，才能真正实现高校学生管理工作与人才培养的有机融合，为培养合格人才提供更有利的条件。

（二）能够提升大学生的能力

高校学生管理能够提升高校学生的能力，这是由于学生管理工作的开展涉及诸多方面的内容，如组织活动、协调管理、思想政治教育、心理健康辅导等。这些工作既可以帮助高校学生全面发展，提高综合素质，也可以锻炼和提升高校学生各方面能力，如领导能力、组织能力、协调能力、沟通能力、创新能力、团队合作能力等。

（三）能够保障学生的权益

高校学生管理能够保障学生的权益，这是由于高校学生管理制度的制定和实施应依据国家有关法律法规和部门规章进行，体现国家对学生权益的重视和保障。学生作为法律主体，享有受教育权、知情权、申诉权等多项权利，同时也必须履行遵守校规校纪、完成学业等相应的义务。高校学生管理制度的严格执行，可以有效保障学生权益的实现。因此，高校学生管理是保障学生权益的重要途径之一。

（四）能够推动高等教育改革的深入

有效的高校学生管理能够在很大程度上促进高等教育改革的深化。学生管理不仅关系到学生的个人发展，也关系到高校教学水平的提升。如果能够加强对学生管理的重视和改革，可以建立起更加科学、合理的学生管理体系。同时，有效的学生管理也可以减少学生的违纪行为和安全事故，提高校园安全水平，为高等教育改革的深化创造良好的环境和条件。

因此，高校学生管理是高等教育改革深化的重要推动力量。我们应该加强对学生管理工作的重视和投入，推进学生管理工作的现代化和科学化，建立起更加完善、有效的学生管理体系，为中国高等教育事业的发展注入新的活力和动力。

（五）能够维护国家的安定与团结

维护国家的安定与团结是高校学生管理工作的重要任务之一。高校学生管理工作涉及学生日常生活和学习的方方面面，包括思想政治教育、日常管理、安全管理、心理健康教育等。通过这些工作，可以有效地维护校园安全和稳定，增强学生的法制意识和纪律观念，提高学生的综合素质和自我管理能力，为国家培养更多优秀人才。

同时，高校学生管理工作还可以通过加强学生之间、学生与教师之间的交流与沟通，增进相互了解和信任，促进学生之间的团结和友爱，增强班级、学院、校园的凝聚力和向心力。这有助于培养学生成为具有国际视野、创新能力和领导才能的人才，为国家的发展和繁荣作贡献。

此外，高校学生管理工作还可以通过开展志愿服务、文化活动等，增强学生的公民责任感，提高学生的综合素质和国际竞争力。这对弘扬爱国主义精神、传承优秀文化、培育青年人才具有重要意义。

三、高校学生管理过程中要处理好的关系

（一）学生管理与规章制度的关系

处理学生管理与规章制度的关系是高校学生管理过程中的一个重要方面。学生管理的目的是维护学校的秩序和稳定，规范学生的行为，促进学生的全面发展。而规章制度则是学校为了保障教学、科研、生活秩序而制定的一种管理措施。两者之间的关系是相辅相成、相互补充的。

首先，学生管理应该遵循规章制度，但不是简单的执行和遵守，而是要在规章制度的基础上，针对学生的特点和需求，灵活、弹性地开展管理工作，做到以人为本，让学生感受到学校的关怀和关注，增强学生的归属感和认同感。

其次，规章制度是学生管理工作的重要依据和保障，它可以明确学生的

行为标准和奖惩措施，保证学校的管理措施得以有效落实。但是，规章制度也不应该死板，要注意方式方法，充分考虑学生的权益并尊重其个性特点。

最后，学生管理和规章制度之间应该是相互协调、相互促进的关系，而不是相互对立和冲突的关系。学生管理工作应该与规章制度相辅相成、相互补充，共同构成一个完整的管理体系，为学生提供更好的教育和服务。

综上所述，在高校学生管理过程中要处理好学生管理与规章制度的关系，坚持以人为本的原则，注重灵活性，做到管理与服务相结合，规章制度与人性化管理相结合，形成一个科学、规范、高效的管理体系，为学生提供更好的教育和服务。

（二）学生管理与思想政治教育的关系

首先，思想政治教育可以帮助学生树立正确的世界观、人生观和价值观，增强学生的社会责任感和使命感。

其次，学生管理和思想政治教育的目标是一致的，都是培养具有良好思想品德和文化素质的优秀人才。学生管理工作应该与思想政治教育相互配合，充分发挥思想政治教育的作用，学生管理工作也要关注学生的思想动态，预防和减少学生违法犯罪行为的发生。

最后，学生管理和思想政治教育的方法可以相互促进。学生管理工作可以借鉴思想政治教育的方法和手段，如开展各种形式的文化活动、心理健康教育等，丰富学生管理工作的方式和手段。同时，思想政治教育也可以借鉴学生管理工作的经验和方法，如开展学生自我管理和自我教育等。

第二节　高等教育的学生学习管理

一、学习的内涵

学习是指通过一定的方式和途径获得知识和技能的过程，是人们生存和发展的必要手段。学习不仅是指在学校中的学习和考试，更是指一个人在生活中的所有经验的积累。学习是一个持续不断的过程，它需要不断地探索、尝试、实践和反思，以不断地提高自己的能力和素质，适应不断变化的社会环境。

二、高校学生学习的特点

高校学生学习的特点主要包括以下几方面。

（一）自主性

自主性是高校学生学习的特点之一。在大学阶段，学生需要更多地自主管理自己的学习与生活，包括规划自己的学习、选择自己的学习方法、解决学习中的问题等。

（二）探索性

高校学生在学习过程中不要局限于课程要求的教材，还需要通过阅读相关文献、参加学术讲座、参与科研项目等方式进行知识的探索。此外，高校学生还需要在学习中注重创新，通过实践、实验等方式解决实际问题，培

养自己的创新精神与创造能力。因此，探索性是高校学生学习的重要特点
之一。

（三）多样性

除了在课堂上进行学习外，高校学生还可以通过参加各种学术团体、学
术会议、科研项目、社会实践等方式来拓展自己的知识领域。同时，高校学
生还可以通过网络学习、在线教育等方式来获取更多的学习资源，满足自己
的学习需求。

（四）专业性

在大学阶段，学生需要学习专业知识，这些知识是根据学科和专业进行
分类的。高校学生通常需要在特定的学科或专业中深入学习，以便掌握该领
域的核心知识和技能。在学习过程中，高校学生需要了解该领域的最新研究
进展和实践经验，以加深对该领域的理解。

此外，大学教育旨在培养具有专业知识和能力的人才。高校学生需要接
受专业教育和实践训练，以掌握专业知识和技能，并具备解决实际问题的能
力。他们还需要参加实习、实践和毕业设计等环节，以获得专业实践经验，
提高自己的综合素质。

（五）创新性

高校学生在学习过程中需要注重创新思维的培养，通过参与科研项目、
参加创新创业比赛等方式提高自己的创新能力。同时，高校学生还需要注重
知识的探索，通过阅读相关文献、参加学术讲座等方式了解学科前沿动态，
开阔自己的视野。

三、高校学生学习的方法

高校学生学习的方法有很多，以下是一些常见的方法。

（一）扩大阅读量

多读书，包括但不限于读经典著作、科普读物、历史故事、民间故事等。学生可以在图书馆借阅，或者购买自己喜欢的书籍。

（二）借助多媒体

学生也可以通过观看公开课、在线讲座、科普视频等方式，拓宽自己的知识面和视野。因此，借助多媒体是高校学生学习的一种有效方法。

（三）知行结合

在大学学习过程中，知行结合意味着不仅要在理论上学习知识，还要将其应用于实践中。例如，学习编程语言不仅要掌握语法规则，还要通过编程实践来巩固所学知识。此外，高校学生还可以通过参加社会实践、实习、志愿服务等方式，将所学的知识和技能应用到实际场景中，提升自己的实践能力。

（四）养成良好的学习习惯

在大学学习中，需要学习的知识和技能越来越多，如果没有良好的学习习惯，就难以取得好的学习效果。例如，要养成定时定量学习、集中注意力、不拖延等好习惯。每天合理安排学习时间表，及时完成作业和课程论文等。

（五）学会规划

在大学学习中，如果没有良好的规划能力，就难以取得好的学习效果。例如，要学会制订学习计划和目标，合理安排时间和资源，不盲目追求数量，而是注重质量。可以将学习计划分为短期和长期，如制订每周的学习计划或学期初的学习计划，明确目标和计划，并坚持执行。此外，还要学会规划自己的职业前景，进行合理的职业规划，并采取有效的行动来实现目标。

（六）学会合作

高校学生与同学一起做项目、讨论问题等，可以互相学习和促进。在大学学习中，与同学一起完成项目可以锻炼学生的团队合作能力和实际操作技能，同时也能够互相学习和借鉴，开阔自己的思路和视野。例如，在完成一个小组项目时，同学之间可以分工合作，相互支持，共同解决问题，从而提高自己的实际操作能力和团队协作能力。此外，与同学讨论问题可以帮助高校学生深入理解课程内容，发现自己的不足，从而更好地提高自己的学习效率和能力。所以说，与同学一起做项目、讨论问题等是高校学生学习的一种重要方法。

（七）积极参加活动

高校学生参加学校的各种活动，如诗歌朗诵、文艺汇演、运动会等，可以锻炼自己的能力，拓宽自己的视野，同时也有助于促进身心发展和社交能力的提升。例如，参加文艺汇演可以锻炼自己的表演能力和艺术素养，同时也可以欣赏到各种不同的文艺表演形式，拓宽自己的视野；参加运动会可以锻炼自己的体育技能和身体素质，同时也可以结交新朋友，扩大社交圈子。总之，参加学校的各种活动可以帮助高校学生全面发展，提升个人综合素质和竞争力。

（八）寻求帮助

高校学生在遇到学习上的问题时，可以向老师或者同学请教，也可以寻求专业的辅导。在学习过程中遇到问题是很正常的事情，关键是要及时寻求帮助并找到解决问题的方法。向老师或者同学请教可以获得一些基本的解决方法，而寻求专业的辅导可以更深入地了解问题的本质和解决方法，从而更好地掌握知识和技能。例如，高校学生可以通过参加学术讲座、专业辅导班、学术研讨会等活动，与专业人士进行交流和探讨，拓展自己的思路，提高自己的学习效率和能力。

（九）持续学习

大学的学习只是一个开始，持续学习和更新知识对学生未来的发展非常重要。在大学中，学生可以获得一定的知识和技能，但随着时间的推移和社会的变化，知识和技能也会逐渐过时。因此，高校学生需要养成持续学习和更新的习惯，不断提高自己的素质和能力。学生可以通过阅读、研究、实践、参加培训等方式，不断更新自己的知识和技能，掌握最新的技术和趋势。同时，要学会自我反思和总结，发现自己的不足，从而更好地提高自己的学习效率和能力。持续学习和更新知识是高校学生未来发展的重要保障。

四、高校学生学习管理的策略

高校学生学习管理的策略主要包括以下几方面。

（一）确立明确的奋斗目标

确立明确的奋斗目标是高校学生学习管理的重要策略之一。以下是帮助高校学生确立明确的奋斗目标并制订有效的学习计划的一些建议。

第一，高校学生应该进行自我评估，了解自己的兴趣、优势和劣势，从而明确自己的学习目标和方向。

第二，高校学生应该明确自己的学习目标，包括长期目标和短期目标。长期目标可以是取得优异成绩、获得奖学金、考研等，短期目标可以是完成某项作业、复习考试等。

第三，高校学生应该制订有效的学习计划，包括时间分配、任务安排、优先级等，以确保在学习中高效地完成任务。

第四，高校学生应该将长期目标分解为短期目标，并制订具体的计划，以确保在学习中有明确的方向。

第五，高校学生应该定期对自己的学习情况进行评价和调整，以确保自己的学习目标和方法是有效的。

（二）培养自信心

培养自信心是高校学生学习管理的重要策略之一。以下是一些建议，以帮助高校学生提高自信心并更好地管理自己的学习。

第一，高校学生应该了解自己的优点和不足，了解自己的学习风格和习惯，这样才能更好地发挥自己的潜力。

第二，高校学生应该掌握有效的学习技巧，如制订学习计划、注重笔记和复习等，这样能够更好地提高学习效率和质量。

第三，高校学生应该认识到在学业中会遇到挑战和困难，并学会接受这些挑战并积极应对，不要轻易放弃。

第四，高校学生应该积极参加课外活动，通过参与活动拓展自己的社交圈子，提高自己的社交能力和团队合作能力。

（三）培养自己的兴趣

第一，高校学生应该尝试参加不同的活动，以了解自己的兴趣和爱好。可以通过参加社团活动、志愿者活动、实习活动等方式来探索自己的兴趣。

第二，高校学生应该保持好奇心，不断学习新的知识，探索新的领域。

学生可以通过阅读书籍、观看纪录片、参加学术讲座等方式来拓宽自己的知识面。

第三，高校学生可以组成兴趣小组，与其他人分享自己的兴趣和爱好，并通过协作和交流来深入了解自己的兴趣。

第四，高校学生应该利用学校的资源，如图书馆、实验室、博物馆等，来深入了解自己的兴趣。

第五，高校学生应该坚持做自己喜欢的事情，并不断努力提高自己的技能，以确保自己的兴趣成为一种有价值的技能。

（四）科学运筹时间

第一，高校学生应该制定时间表，包括每天的学习计划、任务安排、时间分配等，以确保在学习中充分利用时间。

第二，高校学生应该合理安排时间，根据任务的紧急程度和重要性，安排适当的时间来完成任务。

第三，高校学生应该分配任务的优先级，先完成重要的和紧急的任务，然后再处理次要的任务。

第四，高校学生可以利用碎片时间，如在路上或餐桌上，通过听讲座、阅读书籍等方式来学习，不断增加自己的知识储备。

（五）培养应试能力

第一，高校学生应该制订复习计划，确保在考试前全面复习各相关学科的知识。

第二，高校学生在课堂上应认真做笔记，记录重要知识点，有助于在复习时更有针对性。

第三，高校学生应该合理安排时间，平衡学习和生活，确保有充足的时间来复习。

第四，高校学生在考试前应该重点复习与考试相关的知识点，避免浪费时间。

第五，高校学生可以通过做题来提高应试能力，熟悉考试题型和难度，并发现自己的不足。

第六，高校学生可以模拟考试环境，进行模拟考试，从而更好地了解自己的薄弱环节，及时调整复习计划。

第三节　高等教育的学生心理健康管理

情绪、人际交往、压力与挫折等都属于高校学生心理健康管理的内容。限于篇幅，本节仅对高校学生的情绪管理以及人际交往管理进行研究。

一、高校学生的情绪管理研究

（一）情绪的内涵

情绪，是对一系列主观认知经验的通称，是多种感觉、思想和行为综合产生的心理和生理状态，其主要包含情绪体验、情绪行为和情绪唤醒三种成分。

（二）情绪产生的原因

1.人的需要是情绪产生的内部原因

情绪是人的内心需要是否得到满足而引起的，当人的需要得到满足时，人就会感到快乐、满足和兴奋；而当人的需要没有得到满足时，人则可能会感到失望、不满和愤怒。因此，人的需要是情绪产生的内部原因。例如，当一个人获得了期望的东西，如获得了一份心仪的工作、实现了自己的梦想、赢得了比赛等，就会感到开心和满足；而当一个人期望的东西没有得到，如没有考上理想的学校、没有赢得比赛、没有得到期望的工作机会等，就会感到失望和不满。

2.人的认知是情绪产生的重要原因

人的情绪不仅仅是由客观事物的特点和关系所决定的，还与人们对客观事物的认知和评价有关。人们对客观事物的认知和评价主要涉及三个方面：一是对于该事物本身的认识和评价，如对风景、个人、事情的认识和评价；二是对自己的认识和评价，如自我意识、自尊心、自卑感等；三是对人际关系的认识和评价，如对亲朋好友、家庭成员、同事的认识和评价。这些认知和评价都会影响人的情绪体验。因此，人的认知是情绪产生的重要原因之一，对情绪的产生和变化具有重要的影响。

3.客观事物是情绪产生的前提和基础

首先，客观事物引起人的感知觉，而感知觉是情绪产生的前提之一。例如，看到一只可爱的小猫会让人感到愉悦，而看到一只浑身脏乱的小狗则可能会让人感到不愉快。

其次，客观事物引起人的认知过程，而认知过程也是情绪产生的基础之一。例如，面对不理想的考试成绩，有些人可能会感到沮丧，而有些人则可能会认为这是一个挑战，从而感到兴奋。

此外，客观事物还可以引起人的生理反应和生理状态，而生理反应和生理状态也是情绪产生的基础之一。例如，听到惊恐的故事会让人感到紧张和害怕，而长时间的静坐不动也可能会让人感到焦虑和不安。因此，客观事物是情绪产生的前提和基础，没有对客观事物的认识、感知、生理反应和生理状态等，人就不会产生这样或那样的内心体验。

（三）高校学生情绪的影响因素

高校学生情绪的影响因素有很多，概括来说主要包括以下几方面。

1.气质类型

不同气质类型的人在情绪体验和反应上存在差异，会影响他们的情绪状态和行为反应。比如，气质类型属于焦虑型的人，容易在面对陌生环境和人际交往时感到紧张和不安，从而影响他们的情绪状态和行为表现。

2.认知因素

认知因素是影响高校学生情绪的重要因素之一，它包括对自我、他人和世界的认知和评价。高校学生对自己的学习、生活和社交等问题的认知和评价，会直接影响他们的情绪状态和行为反应。比如，如果高校学生能够积极看待自己的学习和生活，认识到自己的价值和意义，就会产生积极的情绪体验和行为反应。

3.家庭环境

家庭环境对高校学生的情绪发展也有重要影响。家庭的氛围、互动模式和教育方式等，都会对高校学生的情绪产生影响。比如，如果家庭环境和谐，父母能够倾听和理解孩子的情绪表达，孩子就会更容易表达自己的情感需求。

4.精神状态

精神状态是指个体的心理状况，包括心理健康和心理疾病等。良好的精神状态是保持健康情绪的基础，而精神疾病则会影响高校学生的情绪状态和行为表现。比如，抑郁症和焦虑症等精神疾病会导致高校学生产生持久而严重的负面情绪。

5.社会支持

社会支持是指个体在社会生活中得到的支持和帮助。高校学生处于一个复杂的社会环境中，需要得到社会的认可和支持才能实现自我发展。如果高校学生能够得到良好的社会支持和帮助，就会产生正向的情绪体验和行为表现。

（四）高校学生情绪管理的策略

1.调整认知

第一，高校学生需要学会观察自己的想法和情绪，特别是那些对自己和他人的负面评价和判断。当发现自己出现不合理的认知时，要及时进行调整。

第二，高校学生需要接受自己的缺点和不足，不要苛求自己和他人。合理的认知应该是在尽力做好自己的同时，也能够尊重他人的能力和局限性。

第三，高校学生需要形成积极的生活态度，学会从负面事件中寻找积极的方面。这种积极的态度可以帮助高校学生更好地应对挑战和困难，提升情绪管理能力。

2.加强情绪掌控

（1）性格特征对情绪活动的影响非常重要。不同的人有不同的性格特征，这些特征会影响他们在不同情况下的情绪反应。例如，一个人可能性格外向、活泼开朗，在社交场合中表现出自信和愉悦的情绪；而另一个人可能性格内向、沉静，更容易体验到孤独和沮丧的情绪。

（2）为了保持健康的情绪状态，个人必须了解自己的性格特征，并注意克服性格方面的缺陷。例如，如果一个人过于内向，不善于与人交往和表达自己的情感，他们可以通过积极参加社交活动、尝试与他人沟通交流来改善自己的情绪状态；而如果一个人过于外向，可能需要注意控制自己的情绪和行为，避免过度消耗精力，寻找适当的放松和恢复途径。

3.善于克制和宣泄情绪

善于克制情绪是指个体在面对刺激时，能够通过适当的方式使情绪得到适当的表达，而不是让情绪影响到自己的行为和决策。例如，当个体遇到挫折或困难时，他们可以通过冷静思考、寻求帮助等方式来克制自己的情绪，而不是采取冲动或逃避的方式。而宣泄情绪则是指个体通过适当的方式将情绪表达出来，以减轻心理压力和恢复心理平衡。例如，通过与朋友交流、运动、听音乐等方式来宣泄自己的情绪，让自己感受到心理上的支持和放松。

善于克制情绪可以帮助个体更好地控制自己的行为，而宣泄情绪则可以帮助个体恢复心理平衡，减轻心理压力。

4.养成科学的生活方式

高校学生为了自身的情绪健康，应该养成科学的生活方式，自觉远离烟酒，保持适当的运动，保持良好的睡眠习惯，避免过度使用电子设备等。同时，应该建立支持系统，获得情感支持和社交支持，增强自信心和应对能力，缓解身心压力。

5.积极参加各种娱乐活动

娱乐是调节情绪、愉悦身心的好方法，对高校学生的情绪健康非常重要。丰富的、健康的娱乐内容可以帮助高校学生缓解压力、放松身心、保持积极乐观的心态。

6.努力培养自身的幽默感

高尚的幽默是生活中的调味品，可以帮助高校学生缓解压力、保持心理健康，更好地面对生活中的各种挑战。因此，高校学生应该培养自己的幽默感，学会用恰当的方式去表达自己的幽默。同时，也应该注意幽默的品质，避免使用低俗、歧视或攻击性的语言，以免造成误会或矛盾。

二、高校学生的人际交往管理研究

（一）人际交往的内涵

人际交往是指个体通过一定的语言、文字或肢体动作、表情等表达手段将某种信息传递给其他个体的过程。人际交往可以满足个体的友谊、爱情、归属感等需要，也是个体认识自我、发展自我以及与他人沟通的重要途径。

（二）高校学生人际交往的特点

高校学生人际交往的特点包括以下几方面。

1.人际交往的不成熟性

高校学生正处于成长阶段，他们的认知、情感和行为方式等方面都在不断发展和完善，因此他们的人际交往也需要不断调整。在这个过程中，可能会出现一些不成熟的表现，如自我中心、缺乏同情心、沟通技巧不足、容易冲动等。此外，高校学生的人际关系也可能会受到家庭和社会环境的影响，如家庭背景、文化差异、价值观等，这些因素都可能影响到他们的人际交往成熟度。

2.人际交往的情感性

高校学生是一个感情丰富、活泼可爱的群体，他们的人际交往受情感的影响较大。在交往中，他们通常会关注对方的情感表现，重视彼此之间的情感交流和沟通。同时，他们也常常以情感为基础建立人际关系，尤其是在朋友、恋人等亲密关系中，更是充满了深厚的情感色彩。因此，情感性是高校学生人际交往中不可或缺的特点之一。

3.人际交往的迫切性

进入大学以后，学生的学习压力有所减轻，有了更多的自由时间，因此他们需要更多的人际交往来满足内心的需求。同时，高校学生进入社会后，也需要通过人际交往来扩大自己的社交圈，积累人脉资源，以便更好地适应社会。因此，人际交往的迫切性是高校学生人际交往的特点之一。

4.与异性交往的强烈性和拘谨性

高校学生正处于青春期，他们对异性的兴趣和交往需求比较强烈，同时也存在着一定的交往拘谨。这种强烈性和拘谨性可能会影响到他们的人际交往方式和效果，使他们在与异性的交往中表现出一定的特殊行为和心理状态。比如，在交往中可能存在犹豫、紧张、羞涩等心理状态，这是因为缺乏必要的沟通技巧，这些沟通技巧需要不断学习和提升。

（三）高校学生人际交往的意义

高校学生人际交往具有重要意义，概括来说主要包括以下几方面。

1.有助于提高高校学生的智力

高校学生人际交往有助于提高智力，原因如下。

第一，高校学生人际交往有助于促进知识交流和共享，使学生能够接触到更多的思想和观点，从而丰富自己的知识，提升思考能力。

第二，高校学生人际交往有助于激发学生的学习热情和创造力，通过与他人的互动和交流，学生可以获得更多的启发和灵感，从而更好地发掘自身潜力。

2.有利于高校学生沟通信息

高校学生人际交往有利于沟通信息。人际交往是人类社会生活中不可或缺的重要组成部分，是人们之间信息交流、情感沟通、价值共享的重要途径。在高校学生的人际交往中，信息交流是非常重要的一环。通过与同伴进行交流，学生可以分享学习心得、获取学习资料、探讨人生经验，还可以交流就业信息、探讨职业规划。这种信息交流有助于学生拓宽视野、开拓思维、汲取经验，促进自身的成长与发展。

3.是生存与安全的需要

高校学生人际交往是生存与安全的需要，原因如下。

第一，高校学生人际交往是生存的需要之一。人类是社交性动物，与他人交往是人类的本能需求之一。高校学生作为人类的一员，也需要与他人进行交往以满足自身的社交需求。

第二，高校学生人际交往是安全的需要之一。在人际交往中，学生可以更好地了解周围的人和环境，获取更多的信息和资源，从而增加对周围世界的了解和减少不确定性，使得自身的安全得以保障。

（四）高校学生人际交往管理的策略

1.处理好几种主要人际关系

（1）处理好同学关系

第一，在大学里，与同学建立良好的关系可以帮助你更好地融入班级，并且有助于你在学习和生活中获得更多的支持和帮助。

第二，尊重他人的观点和选择，学会与他人进行有效的沟通，避免误解和冲突。

第三，积极参加班级活动可以增进同学之间的感情，同时也可以让学生更好地了解自己的兴趣爱好和特长，有利于学生在班级中发挥更大的作用。

第四，提高自身素质，不仅可以增加学生在班级中的影响力，还可以让学生更好地与同学进行交流和互动，从而增进彼此间的了解。

（2）处理好师生关系

第一，高校学生应该尊重老师的学术地位、教学工作和人格尊严，对待老师要保持礼貌和敬意。

第二，积极参与课堂活动，这不仅可以增进与老师的关系，还可以提高自己的学习效果。

第三，参加学术活动，如科研课题、竞赛等，可以增加与老师的互动，促进学术上的成长。

第四，老师的学术观点不一定与自己相同，但应该尊重老师的学术自由和权威性，不诋毁、攻击老师。

（3）处理好宿舍内部的关系

第一，在宿舍中，每个成员之间的沟通是非常重要的。可以选择定期召开宿舍会议，让大家在会议上提出问题和建议，并共同商讨解决方案。同时，也可以制定宿舍内部的规章制度，让大家共同遵守。

第二，高校学生都有自己的学习和生活计划，每个人都有自己的时间和空间需求。在宿舍中，应该尊重彼此的个人空间和时间，不随意打扰和干涉他人。

第三，在宿舍中，可以培养共同的兴趣爱好，如一起看电影、学习等。这些共同的兴趣爱好可以增进宿舍成员之间的感情。

第四，在宿舍中，应该营造和谐的宿舍氛围。例如，定期打扫卫生、保持安静、节约用水用电等。这些措施可以让宿舍成员和谐相处，共同创造良好的生活环境。

（4）处理好与家长的关系

作为高校学生，与家长沟通非常重要。在合适的时间、地点用正确的方式告诉父母自己的感受和看法，从而获得他们的支持与认可。

2.消除先入为主的认知偏差

认知偏差是指人们在对他人进行认知时，因受到情绪、经验、信仰等因素的影响而产生偏见或误解。这种认知偏差在人际交往中经常出现，尤其是只凭第一印象来认知一个人时更容易出现。因此，高校学生在进行人际交往时，需要从以下方面来消除认知偏差。

第一，保持客观态度。在认知他人时，要保持客观态度，不要受到自己情绪、经验、信仰等因素的影响，也不要对他人抱有过高或过低的期望。

第二，多交流沟通。要了解一个人，需要通过多次交流沟通来了解他的思想、行为、兴趣爱好等，不能只凭第一印象就下定论。

第三，善于倾听。在交往中，要善于倾听他人的意见和想法，不要打断或是插话，这样可以更好地理解他人的想法和感受。

第四，学会换位思考。要尽量站在对方的角度思考问题，理解他人的想法和立场，这样可以更好地消除认知偏差。

第五，承认自己的认知偏差。在交往中，如果发现自己存在认知偏差，要勇于承认并纠正，不要固执己见或是坚持错误观点。

3.消除嫉妒感

嫉妒感是一种不良心理状态，它会导致出现自卑感、不满感、怨恨感和恐惧感，而这些情感又会进一步破坏人际关系。

在人际交往中，嫉妒心理常常表现为试图打击别人、抬高自己的行为。例如，当一个人感觉到自己的地位或威信受到威胁时，他可能会试图通过批评别人、夸大自己的成就或能力来维护自己的优越感。这种行为会让被嫉妒的人感到不舒服甚至受伤，而且也会对双方的人际关系造成破坏。

此外，嫉妒心理还可能导致对他人的行为和决策产生影响和干扰，这也会对人际关系造成负面影响。例如，当一个人感觉到自己的朋友或同事与别人更亲近时，他可能会试图插手、干扰或破坏这段关系，以保护自己的"领地"。因此，嫉妒心理确实会破坏人际关系，而且还会影响人们的自我认知、情感平衡和生活质量。

4.向自卑和羞怯挑战

自卑和羞怯来源于心理上的一种消极的自我暗示，高校学生可以通过以下方式消除自卑和羞怯。

第一，了解自己的优点和缺点。要克服自卑和羞怯，首先需要了解自己的优点和缺点，并认识到每个人都有自己的闪光点和不足之处，不必自卑或羞怯。

第二，培养自信。自信是消除自卑和羞怯的关键，可以通过学习、交流、经验积累等方式来增强自信，相信自己有能力完成挑战并取得成功。

第三，积极自我暗示。积极的自我暗示可以帮助高校学生克服自卑和羞怯，如告诉自己"我很优秀""我可以做到"等，从而提高自己的自信心和勇气。

第四，社交训练。社交训练可以帮助高校学生提高自己的社交能力和交流技巧，如多参加社交活动、加入社团或组织等，从而克服自卑和羞怯的情绪。

第四节　高等教育的就业工作管理

一、高校学生就业的主要影响因素

（一）个人因素

个人因素主要是指就业观念、就业意愿、自身素质、求职技巧和应聘能力等。这些因素对就业的影响也非常重要。就业观念是指个人对职业的选择和认知，包括对职业规划、工作内容、薪资待遇等方面的期望，这些因素会影响个人的就业选择和对就业形势的把握。就业意愿是指个人对职业的追求和向往，包括对行业、企业、职位等方面的选择和要求，这些因素会影响个人的就业意愿和对就业机会的把握。自身素质包括个人的知识、技能、经验等方面的积累，这些因素会影响个人在就业市场的竞争力和对就业机会的选择。求职技巧和应聘能力包括个人的求职策略、应聘准备、表达能力等方面的能力和技巧，这些因素会影响个人在求职过程中的表现和对就业机会的获取。

（二）社会因素

社会因素是指经济结构调整、企业数量、经济增长速度以及就业机会等情况。这些因素会直接影响就业市场的供需关系，从而影响就业机会和就业形势。

（三）高校因素

高校因素包括高校扩招、专业设置、毕业生能力水平和就业指导等。这些因素都会影响毕业生的就业。具体来说，高校扩招和专业的设置会影响毕业生的数量和就业市场的供需关系，从而影响就业机会和就业形势；毕业生能力水平则会直接影响企业招聘的选择，是否具备相关专业知识和技能，能否适应企业需求和文化等因素都会影响毕业生的就业情况；就业指导包括高校提供的职业规划、求职技巧和应聘能力等方面的指导和培训，这些因素可以帮助毕业生提高就业竞争力，增加就业机会。

（四）家庭背景因素

家庭背景因素也是影响就业的重要因素之一，包括家庭社会关系、家庭经济状况、家庭教育程度和家庭地理位置等。具体来说，家庭社会关系是指家庭成员的社交网络和人际关系，这些因素可以影响毕业生求职时能够接触到的企业和应聘机会。家庭经济状况则会影响毕业生的求职意愿和就业选择，如选择就业还是继续深造等。家庭教育程度也会影响毕业生的就业观念、职业规划和求职意识等。家庭地理位置则会涉及地区就业市场和就业机会的问题，对于一些地区的毕业生来说，就业可能会面临一定的困难和挑战。

除此之外，还包括一些其他因素，如性别歧视、等级证书限制、考研与就业的选择等，这些因素也会影响就业机会和就业形势。

总之，就业是一个复杂的过程，需要全面考虑各种因素的影响。对于求职者来说，需要了解和分析就业形势和市场需求，提高自身素质和能力，积极探索就业机会，把握就业机遇。

二、高校学生就业管理的原则

高校学生就业管理的原则主要包括以下几方面。

（一）因材施教原则

高校学生就业管理的因材施教原则指的是根据毕业生的个体差异和特

点，提供不同的职业规划和就业指导，充分发挥毕业生的优势和特长，帮助他们实现职业目标的原则。这样可以提高毕业生的就业满意度和职业发展潜力，实现个人价值。

（二）适岗原则

高校学生就业管理的适岗原则指的是根据毕业生的专业、技能、兴趣和求职意向，推荐适合的岗位或企业，确保毕业生能够发挥特长，快速适应工作环境，拥有更好的职业发展前景的原则。

（三）循序渐进原则

高校学生就业管理的循序渐进原则指的是高校学生就业管理应循序渐进，从职业规划、就业信息到就业指导和就业推荐几方面逐步深入，帮助毕业生逐步提高职业发展意识和就业竞争力的原则。

三、高校学生就业管理的意义

高校学生就业管理的意义主要包括以下几方面。

第一，高校学生就业管理可以帮助毕业生更好地实现自我价值。毕业生可以通过就业管理，更加清晰地了解自己的职业兴趣和能力，进而选择适合自己的职业方向，更好地实现自己的职业发展。同时，高校学生就业管理还可以提高毕业生的就业竞争力，使其更加了解市场需求和就业形势，掌握求职技巧和面试规则，从而更容易找到适合自己的工作岗位。

第二，高校学生就业管理是高等教育的重要组成部分，是高等教育可持续发展的重要保障。通过高校学生就业管理，高校可以及时了解市场需求和就业形势，从而更好地调整专业设置、课程内容和人才培养模式等。同时，高校学生就业管理还可以推动高校人才培养模式的改革和创新，使高校毕业的学生能更好地适应社会发展的需要。

第三，高校学生就业管理对社会的稳定和发展具有重要的意义。通过高校学生就业管理，可以使毕业生更加顺利地就业并促进其职业发展，从而减少社会的不稳定因素。同时，高校学生就业管理还可以促进社会的发展，使社会更加充满活力和创新力。

第四，高校学生是国家宝贵的人才资源，是实现经济持续健康发展的重要力量。做好高校学生就业工作，能够促进人力资源的优化配置，提高全要素生产率，为经济发展提供有力的人才支持。

第五，高校学生是具有较高文化素质和消费意愿的群体，他们对消费品的种类、质量和售后服务等方面都有较高的要求。如果能够做好高校学生就业工作，提高高校学生的购买力，将有助于刺激消费需求，促进市场投资，进一步促进经济的增长。

四、高校学生就业管理的策略

（一）树立正确的就业观念

正确的就业观念对高校学生来说非常重要。高校学生应该勇敢地承认和接受当前所面临的现实，一切从实际出发，脚踏实地地寻求解决问题的好方法，同时正确理解当前的政策，只有这样，才能准确地把握机遇，才能为形成良好的择业心态打下基础。

（二）客观分析自己

通过客观分析，高校学生可以更好地了解自己的长处和不足之处，从而更好地了解自己适宜做什么工作。这样可以在就业时更有目的性，提高就业的成功率。

（三）自信乐观

高校学生在择业过程中遇到困难、挫折或委屈是常见的情况，面对这些情况，高校学生一定要自信乐观，相信自己已经做好了充分的准备，要相信自己的能力，同时也应该认识到择业是一个双向选择，要尊重用人单位的决定；要面对现实，充满信心，保持良好的心态；要认识到自己的表现、学习成绩已成定局，但是自己的能力和潜力则是无限的，应该把心思放在如何发挥自己的优势、如何展示自己的能力上，积极寻找机会，争取得到用人单位的认可。除此之外，在重视自己的兴趣和爱好的基础上，同时也要考虑职业的前景和发展空间。选择一份适合自己的职业不仅需要考虑自身的条件和需求，也需要关注行业的发展趋势和变化。只有在不断调整和适应中，才能够实现自我价值的最大化，最终走向成功。

（四）完善人格

在择业过程中，一些常见的人格缺陷可能会导致心理问题的出现，如过度依赖他人、自傲、自卑、缺乏耐心、缺乏自律性等。这些问题可能会影响个人的职业规划和决策能力，使得自身难以适应职业发展的变化和挑战。因此，努力完善自己的人格是相当重要的。

（五）懂得分析，学会选择

认同感、自豪感和使命感是成就动机中的三种重要情感，它们都可以通过价值观来实现。当一个人的职业选择符合自己的价值观时，就意味着他对自己的人生和事业有着清晰的认识和规划，知道自己要走的路和要达成的目标，因此会更容易获得认同感、自豪感和使命感。这些情感的激发将有助于他在事业中保持热情和毅力，从而更容易取得成功。此外，价值观还可以影响人们的人际关系和工作态度。如果一个人选择符合自己价值观的职业，他会更容易对这个职业产生兴趣和热情，从而更容易与同事、上司和客户建立良好的关系。同时，由于对自己的职业有着清晰的认识和规划，他也会更愿意学习和成长，因此更有可能在事业中取得成功。所以，选择符合自己价值观的职业是非常重要的。当毕业生在择业时，除了考虑自身的优势和不足外，还应该深入思考自己的价值观，看看是否与所选择的职业相符。如果不相符，即使这个职业再好，也不一定是最好的选择。只有选择符合自己价值观的职业，才能更好地实现自己的梦想和目标，从而在事业中获得更大的成功。

（六）正确对待挫折

在就业过程中，高校学生可能会遇到各种挫折和困难，如求职失败、不满意薪资待遇、就业信息不足等。如何正确对待这些挫折，以及如何采取有效的应对措施，对于实现就业目标非常重要。

（七）认识到就业是以学业为基础的

高校学生应认识到学业是就业的基础，其原因包括以下几方面。

第一，学生在学校通过努力学习掌握一定的知识和技能，这些知识和技能可以提升学生的竞争力，使其更容易找到一份理想的工作。

第二，学校课程和专业的设置能够为学生提供更多的职业选择和发展机会，让学生在未来的职业生涯中更加丰富多彩。

第三，学生在就业中通过实践来学习和掌握更多的知识和技能，进一步完善自我，能更好地适应社会和职场的需求。

因此，高校学生应该珍惜在学校里的时光，努力学习和锻炼自己的能力，为未来的职业生涯打下坚实的基础。

（八）降低就业期望值

降低就业期望值是高校毕业生在就业过程中必须考虑的一个因素。由于各种原因，高校毕业生的就业形势比较严峻，就业市场竞争激烈，毕业生在就业过程中需要调整自己的期望值，以适应就业市场的实际情况。

降低就业期望值并不意味着放弃自己的理想和追求。毕业生可以选择先在一些起点低的基础工作岗位上积累经验，不断提升自己的能力和素质，为日后的职业发展打下基础。

（九）制定职业生涯规划

职业生涯规划是指个人在全面认识自己的兴趣、能力、爱好、职业前景等因素的基础上，为实现自己的职业目标而制订的计划。高校学生通过制订职业生涯规划，可以更好地明确职业发展方向和目标，有助于提高就业竞争力，增加就业机会。

第五章 高等教育的科研管理研究

高等教育在全球范围内的影响力不断扩大，它不仅是培养未来专业人才的摇篮，同时也是知识创新和科技进步的重要推动力量。科研管理在高等教育中的地位日益重要。科研管理不仅关乎科研活动的顺利进行，还对高等教育的质量有着深远影响。本章即对高等教育科研管理的相关内容进行简要阐述。

第一节 科研管理的内涵

科研管理是通过对科学研究活动的组织、协调和控制，以提高科学研究活动的效率和质量的一种管理行为。

一、高校科研的地位

（一）高校科研是国家创新体系的核心要素

高校具有人才、学科及研究条件的优势，因此应该成为国家创新体系中的执行主体。高校所进行的科学研究在一定程度上代表着我国创新发展的方向，因此高校科研在国家创新体系中具有举足轻重的作用。

（二）高校科研是高层次人才培养的基础，为高水平师资成长提供了基本条件

高校科研不仅是推动科技创新和发展的关键因素，也是高层次人才培养的基础。通过参与科研项目，学生可以获得实践经验和创新能力，为未来的职业发展打下坚实的基础。同时，高校科研也是高水平师资成长的基本条件，通过科研项目的研究和探索，教师可以不断提升自己的学术水平和研究能力，为培养更多优秀人才作贡献。因此，高校科研在国家创新体系中发挥着至关重要的作用。

（三）高校科研是催生新学科的基础

随着科学技术的迅猛发展，各学科之间相互交叉的趋势变得越来越明显，很多新学科都是在这种跨学科的研究中形成和发展的。这些新学科的出现，不仅促进了相关知识的进一步丰富，也对社会实践起到了一定的指导作用。

高校教师在协作研究中，可以充分利用各自学科的优势，相互学习、相互补充，开展跨学科的研究。这种跨学科的研究不仅可以拓宽研究视野，丰富研究手段和方法，还可以促进学科之间的交流和合作，推动学科的交叉融合和创新发展。

通过跨学科的研究，可以培养具有综合素质的高层次人才，让他们具备

跨学科的知识和技能，更好地适应未来的发展趋势。同时，跨学科的研究也可以促进高校教师之间的合作和交流，增强教师团队的凝聚力，为高校的学科建设和人才培养做出更大的贡献。

（四）高校科研是学校声誉的重要标志

高校的声誉主要是指学术声誉，而世界一流大学之所以成为一流就是因为其拥有一流的科研成果。高校的科学研究成果越多，其社会影响力就越大，声誉也就会越高。

在高校中，学术研究是重要的组成部分。优秀的学术研究成果可以提升高校的学术地位和声誉，从而能吸引更多的学术人才和资源。同时，高校的社会影响力也可以促进其发展，如吸引更多的优秀学生、合作伙伴和资金支持。

因此，高校应该注重科研成果的质量和数量，不断提升自己的学术水平和研究能力，以获得更高的社会声誉和广泛的影响力。同时，高校也应该加强与社会各界的联系和合作，积极参与社会实践，为社会发展做出更大的贡献，进一步扩大自己的社会影响力。

二、高校科研的任务

高校科研活动的任务具有多重性，包括培养创新型人才、为经济社会发展服务、促进高等教育质量发展以及承担社会服务等。这些任务都非常重要，且相互关联，共同构成了高校科研活动的多重性特点。

首先，从人才培养的角度来看，高校科研活动的重要性体现在以下几个方面。一是通过科研活动，学生可以直接参与到科研项目中，学习和掌握最新的知识和技术。二是通过科研成果的研发与科研成果在校园内的传播与应用，学生可以了解到最新的科研进展和前沿技术，拓宽视野，激发创新思维。三是通过学术交流活动，学生可以与教师和其他学生展开深入的学术交流和讨论，培养创新思维和能力。因此，高校科研活动的一项重要任务就是通过科研活动和学术交流，提高学生的知识水平和创新能力，培养创新型人才。

其次，从系统构成来看，高校科研活动是国家科研系统的一个重要组成部分。作为国家科研系统的一部分，高校科研活动应当承担起为国家经济发展、社会发展服务的重任。具体来说，高校科研活动应当加强技术开发，积极开发有利于社会经济、科技发展的各种技术和新产品，加强对传统产业的技术改造等。只有这样，高校科研活动才能与国家经济发展紧密结合，为国家的经济发展作贡献。

最后，从教学与科研相结合的角度来看，高校科研活动是建立在高校教学活动基础上的。同时，高校科研活动也是高校教学水平提高与教学活动创新的一个关键环节。因此，高校科研活动的一项重要任务就是促进教学与科研的结合，提高教学质量和水平。具体来说，高校科研活动应当注重将最新的科研成果和学术思想融入教学中，更新教学内容，提高教学质量。同时，高校科研活动也应当注重培养学生的创新能力和实践能力，推动教学活动的创新和发展。

三、高校科研的特点

（一）学科的综合性

首先，高校类型多样，包括本科学院、高职院校、综合性高校和专门的理工学院等。这种多样性为学生提供了更多选择，也为不同类型的高校提供了发展空间。

其次，高校专业设置广泛，包括社会科学和自然科学等。在自然科学中，还有基础学科、技术学科和应用学科三个层次。这种广泛性和多层次性为科研活动提供了良好的基础，有利于交叉学科、边缘学科的研究，有利于新学科的形成和新专业的发展。

最后，高校人才济济，为进行重大的综合性课题研究提供了便利条件。因为不同类型和不同专业的学者可以联合起来，共同研究这些复杂的课题，发挥各自的优势，促进学科的交叉融合，推动科研的进步。

总的来说，高校类型的多样性和专业设置的广泛性是推动科研发展和学科进步的重要因素。

（二）信息的广泛性

高等教育在我国的地位非常重要，随着社会的发展和改革的深入，高等教育不断拓宽自己的视野，与国际接轨，开展各种合作和交流活动。这种国际化的趋势使得高校成为信息交流和互动的重要平台，为学者们提供了更广阔的学术合作机会。

高校不仅是学术研究的场所，也是学术信息传播的重要场所。学术氛围浓厚，高校内的学者和学生通过学术会议、论文发表、研究报告等形式，对最新的研究成果和学术理论进行传播。这种信息的传播和交流并不局限于校内，而是传播到全国各地，从而推动相关领域的研究和发展。这种信息的传播和交流对新技术的推广和应用也起到了积极的推动作用。学者们将国际上最新的技术、理论和实践经验引入国内，通过学术研究和交流，对这些新理论和技术进行推广和应用，推动我国相关领域的发展和创新。

（三）重视教育研究

近年来，我国高校的教育研究取得了丰硕的成果，大学已经成为我国教育科学研究的一大主力。这些成果包括教育理论创新、教育实践探索、教育技术研究等多个方面，为我国教育事业的发展提供了重要的理论支撑和实践指导。

高校的教育研究机构通过开展各种科研项目和课题，探索教育规律，解决教育实践中的问题。这些研究机构与国内外其他教育研究机构进行合作和交流，引进和吸收国际先进的教育理念和方法，加快我国教育国际化进程。

此外，高校的教育研究也与教育教学实践紧密结合。高校的教师和学生通过参与教育实践，探索新的教学方法和手段，提高教育质量。同时，高校也将研究成果应用于教育教学实践，推动教育改革和创新。

（四）人才的集中性

高校科研活动具有人才集中性的特征，这是因为高校汇聚了大量的学术人才和年轻学生，他们之间的交流和互动能够产生出新的思想和创新成果。在高校科研活动中，学术人才和年轻学生之间的合作和交流能够促进不同领域、不同学科之间的交叉融合，形成新的研究方向和领域。

（五）组织灵活稳定

在我国高校中，科研人员普遍都是大学教师，这为高校的科研工作提供了大量优秀的科研人才。同时，高校的科研组织具有灵活而又稳定的特点。

首先，虽然我国高校的科研编制是固定的，但具体的科研人员却是可以流动的。这是因为高校根据不同的科研项目需要，组建不同的科研队伍。在这个过程中，一些人员可能会长期专职从事科研，但也有一些人员会在教学和科研之间灵活转换和流动。这种流动性使得高校科研组织具有了灵活性和稳定性。

其次，我国高校中长期专职从事科研的人并不多。这是因为高校的科研任务往往需要不同类型的科研人员共同完成，一些科研人员可能会根据不同的科研项目需要，从教学工作中转到科研工作中，完成一定的科研任务后，又重新转入教学工作。这种灵活转换和流动的方式，使得高校的科研组织和教学活动有机结合在一起。

最后，这种灵活而又稳定的科研组织方式也有利于高校教学和科研工作的相互促进。通过将教学和科研紧密结合，高校可以更好地培养具有创新能力和实践能力的优秀人才。同时，科研人员在教学和科研中的灵活转换和流动，也有利于提高科研人员的教学水平，更好地实现教学与科研的双赢。

（六）设施先进

高校科研机构的建立，是高校在学术和科研领域的优势体现。这些机构拥有先进的设施和设备，能够为进行高水平的科研工作提供重要的支持和帮助。

在中国，一些高校的科研机构在国内甚至国际上都具有重要的地位。例如，浙江大学的超高场磁共振设备、复旦大学的X-射线单晶衍射仪和高分辨核磁共振谱仪等，都是具有国际先进水平的科研设备。这些设备不仅为高校内的学术研究提供了支持，也为外部的科研机构提供了重要的帮助。

此外，高校科研机构的设施和设备先进，也为社会单位的研究工作提供了帮助。例如，一些高校与社会单位共享自己的科研设备，解决了这些单位因资金不足难以购买昂贵设备的问题。这种共享资源的做法，不仅有利于解决社会单位在购买科研设备方面的困难，也能够促进高校与社会单位之间的合作和交流。

四、高校科研管理的基本原则

（一）科研与教学、生产相促进的原则

从教学的角度来看，该原则要求高校科研项目与教学内容相结合。这不仅有利于教师把理论应用于教学，丰富教学理论，还能使教师获得实践经验，不断提高自己的水平，进而提高教学质量。

从生产的角度来看，该原则强调高校科研活动必须与生产相结合。这是因为科研活动的最终目的是满足社会生产需求，只有与实际的生产活动结合起来，高校的科研项目才能准确定位，有助于科研成果的转化，进而拓展高校科研工作的资金来源，更好地为社会服务。

因此，高校科研活动应充分考虑教学和生产的需求，贯彻科研与教学、生产相促进的原则，提高教学质量，促进科研成果的转化和应用，更好地为

社会服务。

（二）计划课题与自选课题相结合的原则

高校科研管理应遵循计划课题与自选课题相结合的原则，这是因为这两种课题类型各有优势，合理搭配可以更好地促进科研发展。

计划课题是根据社会和经济发展的实际需求规划的研究项目，通常是高校应承担的社会义务。这类课题具有明确的研究目标和方向，能够充分利用外部资源和政策支持，对推动科技进步和社会发展具有重要意义。

自选课题则是高校根据自己的实际情况和科研水平自由选择的研究项目。这类课题通常与科研人员的兴趣和长期关注的方向相关，有利于推动学术创新和拓展研究领域。自选课题还能够提高科研人员的自主性和创新能力，促进学术交流和合作。

不过，单一的计划课题或自选课题都有其局限性。过度依赖计划课题可能导致研究过于定向和刻板，缺乏创新和多样性；而过度依赖自选课题则可能导致研究过于个人化和分散化，缺乏针对性和系统性。

因此，高校科研管理应该注重计划课题与自选课题的结合。在规划研究项目时，应该兼顾社会经济发展的实际需求和高校自身的科研优势，同时给予科研人员充分的自主权和发挥空间，激发其创新热情和积极性。这样的科研管理方式有助于提高科研成果的质量，推动科学技术的发展和社会进步。

（三）科研机构稳定性和灵活性相结合的原则

高校科研管理应遵循科研机构稳定性和灵活性相结合的原则，这样可以保障科研活动的持续性和创新性。

稳定性是指高校科研机构的设置和运行应该具有一定的稳定性和连续性，有利于形成长期的科研规划和促进研究的持续发展。稳定性还有助于保证科研人员的工作稳定性和研究连贯性，从而提高科研成果的质量。

灵活性是指高校科研机构的设置和运行应该具有一定的可调整性和适应性，能够随着社会和经济发展的变化而及时调整研究方向和资源配置。灵活性有助于高校及时把握和应对新的科研机遇和挑战，推动科研创新和科技进步。

然而，过度强调稳定性可能导致科研机构僵化和难以适应需求的变化，而过度强调灵活性则可能导致科研机构松散和缺乏长期规划。因此，高校科研管理应该寻求稳定性和灵活性的平衡，既要保证科研机构的稳定性和长期规划，又要保持对外部环境和需求的敏感性和适应性。

（四）发挥优势、形成特色的原则

在国际竞争激烈的环境下，我国各大高校的科研单位必须具备战略发展的眼光，制定长期的科研发展目标，并正确把握研究的发展方向。为了实现这一目标，高校需要找准学科重点，并给予相应的科研资源支持，以促进学校重点学科的发展。

在确定科研长远计划时，各高校应充分考虑自身的科研特点和优势。例如，对于师范院校来说，教育科研是其先天优势；对于综合性大学来说，基础科研具有独特的优势；对于专业性学校来说，重点专业的学科优势是其发展的重要支撑。

在我国发展高等教育事业的过程中，不同学校的相同学科应突出各自的特色，形成不同的侧重点，以避免科研资源重复投入和浪费。各大高校只有抓住自身优势，确立自身的研究重点，才能够形成研究特色，为学校的发展贡献力量。

（五）调动科研人员积极性的原则

高校科研管理应遵循调动科研人员积极性的原则，以激发科研人员的创新热情和潜力，推动科研工作的创新和发展。

为了调动科研人员的积极性，高校应该提供良好的工作环境和条件，包括充足的科研经费、先进的仪器设备、优秀的团队成员等。此外，高校还应该为科研人员提供适当的奖励，如给予优秀科研成果奖励、晋升机会等，以激励科研人员更加努力地工作。

　　另外，高校应该给予科研人员充分的自主权和决策参与权，让他们能够自由选择研究项目和研究方向，并在研究中发挥自己的创造性和想象力。同时，高校也应该建立开放的科研氛围，鼓励科研人员之间的交流和合作，促进知识共享和技能提升。

　　此外，高校还应该注重培养年轻的科研人员，为他们提供更多的培训和学习机会，帮助他们提升科研能力和水平。同时，高校也应该建立有效的反馈机制，及时了解科研人员的工作情况和问题，及时解决他们的困难。

（六）学科效益与社会效益相统一的原则

　　在当前阶段下，高校要正确定位自己的科研项目对社会发展具有重大的意义。科学成果的突破不仅推动了学科领域的发展，同样也推动了社会经济的发展。因此，高校在进行科学研究时，应该把学科效益与社会效益结合起来。

　　高校科研项目的定位应该紧密结合社会发展的实际需求，解决社会在生产发展过程中存在的一些问题。例如，高校可以通过开展针对特定产业或领域的研究，为相关产业或领域的发展提供科学支持和技术创新，推动社会经济的发展。

　　同时，高校科研项目的定位也应该注重学科效益的推动。科学成果的突破是学科发展的重要动力，高校应该通过加强基础研究和应用研究，推动学科领域的创新和进步，提高学科领域的学术水平和国际影响力。

（七）加速科研成果转化和推广的原则

　　高校科研管理应遵循加速科研成果转化和推广的原则，以促进科学技术向实际生产力的转化，推动社会经济发展。

　　为了加速科研成果的转化和推广，高校应该加强与产业界的合作，建立产学研合作机制，共同开展研究和成果转化工作。高校应该注重培养和吸引具有创新精神和创业能力的人才，鼓励科研人员开展创新创业活动，推动科研成果的推广与应用。

同时，高校应该加强知识产权的管理和保护，为科研成果的转化和推广提供法律保障。高校应该注重开展科研成果宣传和推广活动，向社会宣传科研成果的价值和应用前景，促进科研成果的转化和推广。

此外，高校应该建立科学的科研评估机制，对科研成果的质量、应用价值和社会效益进行综合评估，为科研成果的转化和推广提供科学指导和支持。

五、高校科研管理的主要内容

（一）科研计划管理

从现实角度来看，现代高校科研管理的首要环节就是科研计划管理。科研计划是在对未来预测的基础上进行决策的结果，对未来进行计划的过程实质上就是对管理目标进行选择的过程。

在制订科研计划时，高校需要根据我国社会发展的需要和本校的实际情况，选择重点学科项目进行建设，并确定一批能带动全局的重点课题。同时，还需要组织力量、配置资源、监督实施。在管理的实践中，应该充分发挥教师的主观能动性，让教师充分展现自己的研究个性，同时还要对教师活动进行适当的组织安排，使同一个学术群体中每一个研究者都能够在关注自己研究活动的同时还能兼顾其他的研究者，加强与其他研究者之间的联系。

通过科研计划管理，可以促进学科优势的形成，提高科研项目的质量，推动科研工作的全面发展。因此，科研计划管理是现代高校科研管理的重要组成部分。

（二）科研资源管理

科研资源管理涉及对高校科研活动所需要素的管理，包括但不限于人力资源、财力资源、物资资源、时间资源等。

对于人力资源的管理，主要包括科研人员的招聘、培训、考核和激励等。财力资源管理主要是对科研经费的申请、分配、使用和监督等的管理。物资资源管理涉及科研设备的采购、维护和保养等。时间资源管理则是对科研项目的进度和时间节点的管理。

高效的科研资源管理能够合理配置和利用资源，提高科研效率和质量，保障科研活动的顺利进行。因此，科研资源管理也是高校科研管理的重要内容之一。

（三）科研机构和队伍管理

科研机构管理主要是对高校内的科研机构进行组织、协调，包括科研机构的设置、职责和运作等。科研队伍管理则主要是对科研人员的管理，包括科研人员的招聘、培训、考核和激励等。

良好的科研机构和队伍管理能够提高科研工作的质量和效率，保障科研活动的顺利进行。同时，还能够激发科研人员的积极性和创造性，推动科研成果的创新和发展。因此，科研机构和队伍管理是高校科研管理中不可或缺的一部分。

在科研机构和队伍管理中，还需要注意以下几个方面。

第一，科研机构的管理应该根据学校的实际情况和发展需要进行合理的设置和调整，确保科研机构与学校的发展目标相一致。

第二，科研队伍的管理应该注重人才的选拔和培养，建立科学的招聘和培训机制，吸引和保留优秀的科研人才。

第三，建立健全的考核和激励机制，激发科研人员的积极性和创造性，推动科研成果的创新和发展。

第四，加强科研团队建设，推动跨学科、跨领域的合作研究，提高科研工作的水平和质量。

（四）科研成果管理

科研成果管理主要是对科研项目所产生的成果进行管理和评价，包括论文、专利、研究报告、新产品等。

科研成果管理的任务是对科研成果进行登记、鉴定、奖励、归档和推广，以实现科研成果的转化和应用。在科研成果管理中，要求管理者掌握有关的技术和经济法律法规，了解有关的专业知识和专业发展动态，提出长远的研究目标，引导项目的研究方向。同时，还需要具有较强的行政组织协调能力，充分发挥研究人员的积极性和创造性，使科研成果符合科研发展的规律。

为了更好地进行科研成果管理，高校可以采取以下措施。

第一，建立健全科研成果管理制度和流程，明确科研成果的登记、鉴定、奖励、归档和推广流程，确保科研成果管理的规范化和科学化。

第二，加强科研成果的推广和转化，与产业界建立紧密的合作关系，推动科研成果的应用。

第三，建立科学的评价机制，对科研成果进行科学、客观的评价，奖励优秀的科研人才。

第四，加强知识产权保护和管理，建立健全知识产权保护机制和规章制度，保护科研人员的知识产权权益。

第二节　高等教育知识产权的管理

一、高校知识产权管理的内容

总的来说，高校知识产权管理的内容主要包括以下几个方面。

（一）校名、校号、校训使用权的管理

在现代社会中，高等院校的校名、校号、校训等都是学校的无形财产，

属于知识产权的范畴。这些标识是学校的品牌形象和知识产权的重要组成部分，对学校的声誉和形象具有重要意义。

对于校名、校号、校训使用权的管理，现代高等学校的知识产权管理部门应该根据《中华人民共和国商标法》等法律法规采取具体的管理办法。这些管理办法应该包括以下几个方面。

第一，注册商标。根据《中华人民共和国商标法》规定，商标所有人可以将其商标进行注册，从而获得法律保护。高等院校应该及时将校名、校号、校训等标识进行商标注册，以获得法律保护。

第二，使用许可。如果其他组织或个人需要使用这些标识，高等院校可以通过签订合同的方式，将其授权使用。合同中应该明确使用许可的期限、范围、使用方式等具体内容，并规定相应的费用及支付方式。

第三，维权措施。如果发现有其他组织或个人侵犯了学校的商标权益，高等院校应该采取相应的维权措施，包括向有关部门投诉、提起诉讼等。

第四，培训宣传。加强对学校师生员工的知识产权宣传和培训，提高他们的知识产权意识和保护意识。

通过建立科学的知识产权管理制度，高等院校可以有效地保护其校名、校号、校训等无形财产的权益，提高学校的品牌形象和声誉，促进学校的长期发展。

（二）专利权的管理

根据《中华人民共和国专利法》的规定，专利权是指发明人、设计人或其他专利申请人向国家专利机关提出申请，经审查合格后授予的专利权。专利权是一种专有权，具有排他性、独占性和永久性等特点，可以转让、继承和许可使用。从本质上来说，专利权是科技人员获取利益、享受权利和承担义务的权利对象。在高校知识产权管理中，专利权的管理是一个重要的方面。

对于专利权的管理，高校应该建立相应的管理制度和组织机构，包括专利申请、审查、维护和管理等方面。在专利申请方面，高校应该积极鼓励师生进行发明创造，并提供相应的支持和帮助，如提供专利申请的咨询、指导、审核等服务。在专利审查方面，高校应该建立相应的专利审查机构，对专利申请进行严格的审查，确保专利申请的质量和授权的可靠性。在专利维护方面，高校应该加强对专利的维护和管理，如对专利进行年费缴纳、续展、维权等。在专利管理方面，高校应该建立专利管理制度和办法，包括专利申请、审查、维护和管理等方面的具体规定，以确保专利管理的规范性和有效性。

（三）著作权的管理

高校是人才云集的地方，而著作权是保护高校理论研究成果的重要财产权形式之一。著作权保护的内容广泛，包括科技论文、专著、文学艺术作品以及作品的使用和出版发行权等。由于著作权在高校知识产权中地位很重要，因此加强对著作权的管理和保护非常重要。

具体而言，高校知识产权管理部门应该建立相应的管理制度和办法，包括对科技论文、专著、文学艺术作品等著作权的申请、登记、使用和转让等环节进行规范和管理。此外，对于作品的使用和出版发行权等，高校应该通过签订合同等方式进行授权使用，并明确使用范围、使用方式、费用支付等具体内容。

同时，高校还应该加强对师生员工的知识产权宣传和培训，提高他们的知识产权意识和保护意识，引导他们正确地保护自己的著作权。另外，建立科学的知识产权管理体系，加强对著作权的管理和保护，不仅可以保护高校的合法权益，还可以促进科技成果的转化和推广应用，推动高等教育的持续发展。

（四）非专利科研成果权的管理

对于高校的科研活动来说，其中不申请专利或者无法申请专利权保护的那部分也是学校重要的无形财产。虽然这部分高校科研成果不能得到《中华人民共和国专利法》的保护，但是，高校作为这种科研成果所有权的拥有者，应该为此建立起一套完善的管理机制。

这部分出于各种原因无法公开或者无法申请专利保护的高校科研成果，如技术保密、商业利益、法律风险等。这些成果同样是高校科研活动的成果，具有潜在的经济价值、社会价值和学术价值。因此，高校需要建立相应的管理制度和机制，对这些成果进行有效的管理和保护。具体而言，高校可以采取以下措施。

第一，对于无法申请专利保护的科研成果，高校应该建立完整的档案，记录成果的研究内容、研究方法、技术路线、应用前景等相关信息。这些档案应该严格保密，只有经过授权的人员才能查看和使用。

第二，对于涉及技术保密的科研成果，高校可以与相关的研究人员、实验人员、管理人员等签订保密协议，确保不会泄露科研成果的机密信息。

第三，对于具有潜在应用价值的科研成果，高校可以通过科技成果转化、技术推广、产学研合作等方式，将其转化为实际应用。这不仅可以提高科研成果的经济价值，还可以为社会发展和科技进步作贡献。

第四，对于在科研活动中做出重要贡献的研究人员和实验人员，高校可以采取相应的奖励措施，如给予奖金、晋升职称、评奖评优等。这可以激发科研人员的积极性和创造力，促进更多优秀科研成果的产生。

（五）其他形式知识产权的管理

除了专利权、商标权、著作权等常见的知识产权形式外，高校知识产权管理还包括其他重要的内容，如高校经营发展方法的管理、学校企业商标权的管理、计算机软件使用的管理、植物新品种保护权的管理以及知识产权档案和保密工作的管理等。

高校经营发展方法的管理相当于商业秘密的管理，对高校的商业运营和发展具有重要意义。如果管理得当，可以为高校创造极大的财富，反之则会给高校带来精神和物质方面的损失。因此，高校需要建立相应的管理制度和机制，对商业秘密进行严格的保护和管理。

学校企业商标权的管理也是高校知识产权管理的一个重要方面。高校作为学校企业的商标所有人，应该加强对商标的使用和保护，防止商标被侵权或滥用。同时，高校也应该通过商标许可、转让等方式，合理利用商标资源，提高高校的商业价值。

对于计算机软件的使用管理，高校需要建立相应的管理制度和规范，确保使用的软件合法合规。同时，对于自主研发的软件，高校应该加强知识产权保护，防止软件被侵权或盗版。

知识产权档案和保密工作的管理也是高校知识产权管理的重要组成部分。高校需要建立完整的知识产权档案，记录知识产权的申请、授权、转让等情况，并对档案进行严格的保密和管理。同时，对于涉及商业机密或技术机密的信息，高校应该采取相应的保密措施，防止泄露给无关人员。

二、高校知识产权管理的措施

（一）增强知识产权意识

知识产权是高校的重要资产，也是高校技术创新和学术声誉的重要组成部分。因此，高校应该加强对知识产权的管理和保护，不断提高全校师生员工的知识产权意识和认识水平。

在高校知识产权管理工作中，学校决策者、管理人员和科研人员对知识产权保护和管理的认同和支持十分重要。决策者和管理人员的认同和支持，可以为知识产权管理提供必要的资源和支持，促进知识产权管理的有效开展。科研人员的认同和支持，可以促进科技成果的转化和应用，提高知识产权的创造和保护水平。

为了提高全校师生员工的知识产权意识和认识水平，高校应该长期坚持进行知识产权保护的宣传和教育。可以通过开设知识产权课程、举办知识产权讲座、发放知识产权宣传资料等方式，向全校师生员工普及知识产权知识和保护方法。同时，高校还应该加强对知识产权保护的宣传，强化师生员工的知识产权观念和意识，提高对知识产权保护的重视。

（二）加强制度建设

在高校知识产权管理制度的建设中，首先需要明确的是知识产权的范围和定义。这包括专利、商标、著作权等不同的知识产权类型，以及它们在高校中的具体应用和管理方式。通过明确这些基本概念，可以为后续的管理工作提供指导。

其次，高校需要建立科学、规范的知识产权管理制度。这包括专利管理制度、商标管理制度、著作权管理制度等，涵盖知识产权的申请、审查、授权、使用、转让等各个环节。通过建立这些管理制度，可以使知识产权管理工作有章可循，有规可依，确保各项工作的规范化和标准化。

此外，高校还需要建立相应的组织机构和人员队伍，负责知识产权的管理和保护工作。这包括知识产权管理机构、专利申请机构、商标注册机构等，以及具备专业知识和经验的管理人员和工作人员。通过建立完善的组织体系和人员队伍，可以确保知识产权管理工作的有效实施。

（三）做好组织建设工作

为了实现组织功能，高校需要有针对性地加强学校组织机构和管理方式创新工作。具体来说，高校知识产权管理组织结构需要从纵向和横向两个方面进行优化。

在纵向方面，高校可以采取校、院系两级管理或校、院系、课题组三级管理的方式。如果机构层次过多或层次不清、程序麻烦，会对组织机构的功能发挥产生消极影响。因此，高校需要明确各级管理机构的功能和职责，避免出现多头管理、重复管理等问题。

在横向方面，高校知识产权管理涉及多个职能部门，如科研处、成果处、知识产权办公室等。这些部门之间的协调合作对组织整体功能的发挥至关重要。因此，高校需要加强各个职能部门之间的沟通和协作，建立有效的信息共享机制，避免出现信息孤岛和资源浪费。

（四）建立健全知识产权管理机制

为了实现科学化、法治化、国际化的标准，高校需要制定知识产权管理战略，并建立有效的知识产权管理机制，具体可以从以下几方面努力。

第一，高校可以设立专利申请奖、专利授权奖、专利实施奖等多种奖励，对取得专利的学生和教师进行奖励，激励他们进行创新和发明。

第二，高校可以开展知识产权培训课程、专题讲座、案例分析等形式的培训，帮助师生了解知识产权的基本知识、申请流程、保护方法等，提高他们的知识产权保护意识和知识产权管理。

第三，高校可以设立技术转移中心或知识产权转化平台，提供知识产权转化服务，帮助学生和教师将专利技术转化为商业成果，推动科技创新和经济发展。

第四，高校可以设立知识产权管理机构，负责全校的知识产权管理和保护工作，包括专利申请、维护、转化等方面的工作，为学校的科技创新提供有力保障。

第五，高校可以与外界进行合作交流，建立产学研合作机制，共同开展科研项目和知识产权管理工作，提高学校的科研水平和知识产权管理能力。

通过以上激励引导措施，高校可以建立有效的知识产权管理机制，提高师生的知识产权意识和能力，推动科技创新促进经济发展，为现代化高校科研管理制度改革做出重要贡献。

（五）提高综合管理和服务能力

高校知识产权管理要求管理人员既要有一定专业知识，又要有必要的知识产权管理知识和能力。因此，除了建立健全知识产权管理机制和加强管理人才的培养工作之外，高等院校还应该采取其他措施来提高综合管理和服务能力，具体如下。

第一，高校可以加强知识产权保护的宣传教育，提高师生对知识产权的认识和理解水平，增强知识产权保护意识。

第二，高校可以建立知识产权信息管理系统，实现知识产权信息的数字化管理和共享，提高知识产权管理的效率和准确性。

第三，高校可以加强与企业的合作，了解市场需求和知识产权转化情况，推动专利技术转化为商业成果，提高综合管理和服务能力。

第四，高校可以建立知识产权保护联盟，加强高校之间的合作和交流，共同制定和实施知识产权保护策略，提高综合管理和服务能力。

第三节　高等教育科研活动的管理

一、高等教育科研活动的特点

在当前阶段，高等教育科研活动具有以下几个特点。

（一）在教师指导下进行

大学生参与科研活动通常是在教师的指导下进行的。这是因为他们的学术能力和知识水平有限，需要教师的指导和帮助。具体来说，大学生需要经历从基础知识到专业知识技能、从自学能力到科学能力、从专业理论到专业实践等过程。这些转变通常是在教师有意识的逻辑安排、课程设置和教学引导下实现的。

虽然参与科研活动不一定在教学计划中，但教师可以根据大学生的知识水平和不同年级的教学任务对其进行调控和引导。因此，与一般课程教师相比，科研指导教师需要付出更多的精力和时间来指导大学生的科研与学习。

（二）科研活动与毕业论文设计相结合

虽然大学生参与的科研活动类型多样，但最终目标主要体现在毕业论文的设计上。很多大学生参与科研活动的目的是通过科研活动为毕业论文的撰写和设计作准备，如课程选修、资料收集、社会实践、调研活动等。他们的目的是将课外锻炼与课内知识相结合，最终撰写出一份较好的毕业论文。因此，很多大学生参与科研活动是与毕业论文设计相结合的。

（三）起点低、时间短、经费少

大学生参与科研活动是对基础理论和基本技能的综合性训练，需要具备一定的基础知识。由于学习时间的限制，大学生参加科研活动的时间一般不会超过一个学期，所学的知识多是基础知识，且实践能力较弱，缺乏足够的资金支持。因此，大学生参与科研活动的起点低、时间短、经费少。

基于这些特点，大学生在选择课题时必须注意难度的适宜性，避免因力所不及而出现其他问题。这意味着，选择一个合适的课题是大学生参与科研活动的重要环节。

二、高等教育科研活动的形式

（一）平时的科研活动

第一，听取校内外专家学者的学术报告。

第二，参加校内外举办的各类学术讨论活动。

第三，根据自己的兴趣撰写相关论文或进行相关科技发明活动等。

第四，参加学术性社团的学术活动。

第五，参加学校内某项科研工作，如给科研课题中的教师或科研人员担当助手等。

科研活动形式多样，涵盖了不同的学术活动类型，以满足大学生的不同需求和兴趣。

（二）开展科学考察活动

科学考察活动是大学生参与科研的一种重要形式，其生动多样、直观性强，容易激发大学生的科研兴趣。在开展科学考察活动时，大学生需要具备怀疑精神和实事求是的态度。怀疑精神使大学生敢于怀疑权威和前人的某些定论，发现其中的问题，而实事求是的态度则让大学生能够更好地处理考察目标制定、任务执行、内容选择和突发问题等一系列问题。通过这些活动，大学生能够意识到理论与实践之间的差距，从而在不断积累理论知识的同时增强自己对知识的实践应用能力，使自己的知识处于激活的状态。

（三）毕业论文和毕业设计

毕业论文和毕业设计是大学生科研活动的一种重要形式。它们通常要求大学生在总结自己所掌握的理论知识与技术的基础上，通过规范化的形式和程序对某些问题进行总结性的集中研究。

在完成毕业论文或毕业设计的过程中，大学生需要遵循一定的写作要求和规范。这主要包括以下几方面。

第一，论文格式的规范性。包括封面、目录、摘要、引言、文献综述、研究方法、结果与讨论、结论、参考文献等部分的格式要求。

第二，研究过程的严谨性。需要明确说明所采用的研究方法，并且要合理、科学、严谨。

第三，论文内容的充实性。需要充分论述研究的目的、方法、结果和结论，并且要内容充实、逻辑清晰。

第四，文献引用的规范性。需要正确引用参考文献，遵循学术规范。

通过完成毕业论文和毕业设计，大学生不仅能够提高自身的学术研究能力，还能够培养独立思考、解决问题、团队合作等多方面的能力。

（四）开放性的教学实验、学年论文和课程设计

开放性的教学实验、学年论文和课程设计是大学生参与科研活动的几种形式。这些活动通常在教师的指导下进行，学生可以运用一门或几门课程相关的知识，独立地去解决一些符合其知识水平与能力水平的复杂问题。这些活动能够锻炼大学生的学术能力，使他们更好地理解和应用所学知识。

具体来说，开放性的教学实验是指学生在教师的引导下，自行设计并完成实验的过程。这个实验可以是探索性的、验证性的或应用性的，旨在培养学生的独立思考能力和实践能力。

学年论文是指学生在一学年内完成的一篇学术论文。这个论文可以是关于某一课程主题的深入研究，也可以是结合多门课程知识的综合性研究。学年论文要求学生能够独立思考、查阅文献、分析问题并撰写论文，对学生的学术能力和研究能力有较高的要求。

课程设计是指学生根据课程要求，结合实际需求进行的一种综合性设计。它可以是一门课程的设计，也可以是几门课程的综合设计。课程设计要求学生将所学的理论知识运用到实际中，培养学生的设计能力、创新能力和实践能力。

这些科研活动形式都能够促进大学生对知识的掌握和理解，提高他们的独立思考和解决问题的能力。同时，这些活动也能够为大学生的学术成长和未来的职业发展打下良好的基础。

三、高等教育科研活动的目的

（一）锻炼思维和研究能力

大学生参与科学研究活动可以有效地锻炼他们的研究能力和思维。这是因为科学研究活动本身需要运用各种具体的科学研究方法，包括收集资料，设计实验，组织材料和使用各种比较、分析、综合、归纳、演绎等逻辑方法

和统计方法等。通过参与科学研究活动，大学生可以亲身实践这些方法，并从中得到训练和提升。

只有掌握了科学的思维方法与研究方法，才可能有效地进行科学研究。这是因为在科学研究中，需要运用辩证法、系统科学的观点和方法来研究问题。大学生在教师的指导下，可以学习和应用这些方法培养自己的科学思维和研究能力。

通过参与科学研究活动，大学生可以更为系统地掌握科学研究方法，从而在以后的工作学习中较好地进行科研活动。这是因为科学研究活动不仅需要大学生具备扎实的专业知识，还需要掌握科学的研究方法和思维方法。通过大学的科研活动，大学生可以积累这些方法和经验，为今后的科研工作打下坚实的基础。

（二）培养创新能力

大学生参与科学研究活动对其自身创新精神和创新能力的培养有着重要的作用。这种作用主要表现在以下几个方面。

第一，创造全面发展智能的环境和条件。科学研究活动往往需要学生综合运用各种知识和技能，包括理论知识、实验技能、数据处理和分析等。这种全面的要求可以促进大学生全面发展自己的智能，把握实践和锻炼的机会，培养他们的综合素质。

第二，促进师生信息交流，发挥学生特长。科学研究活动需要师生之间的密切合作和信息交流。通过参与科研活动，大学生可以更好地与教师交流，让教师更深入地了解他们的特点和需求，从而更好地因材施教，发挥学生的特长和主动性。

第三，培养严谨的治学态度、踏实的工作作风和合作精神。科学研究活动需要严谨的治学态度和踏实的工作作风，大学生通过参与科研活动可以学习到这些品质，培养自己的职业道德和素养。同时，科研活动也需要团队合作，大学生可以从中学习到如何与他人协作、交流和分享研究成果，培养自己的合作精神和团队领导能力。

第四，学习到课堂和书本里学不到的知识，增强自信心，培养研究兴趣。科学研究活动通常具有创新性和探索性，大学生通过参与这样的活动可以学到大量的知识和技能，这些知识是课堂上和书本里所没有的。这种实践经验可以增强大学生的自信心，培养他们的研究兴趣，提高他们分析问题、解决问题的能力。

第五，提高实践能力，培养创新精神。科学研究活动具有挑战性和探索性，需要大学生不断尝试、创新和突破。通过参与这样的活动，大学生可以锻炼自己的实践能力，培养创新精神，学会如何发现问题、提出假设、设计实验和解决问题。

（三）扩展学术视野

在科研活动中，大学生需要将所学的理论知识与实际研究相结合，这不仅可以加深其对理论知识的理解，还可以使其了解理论在实际应用中的重要性和应用方式。此外，通过接触科学发展的前沿和动态，大学生可以了解最新的科技信息和研究成果，扩展其学术视野，为其未来的学术和职业发展打下坚实的基础。

四、高等教育科研活动的有效管理

（一）营造良好的校园学术氛围

深厚的学术氛围对大学生的科研活动确实有很大的影响。一个良好的学术氛围可以激发大学生的创新思维和科研兴趣，同时也可以提供他们参与科研活动的机会，帮助他们提升自己的科研能力和素养。为了营造良好的学术氛围，高校可以采取以下具体的措施。

第一，高校可以设立实验室、研究所等机构，为大学生提供参与科研活动的机会。同时，可以组织一些科研竞赛、学术交流等活动，让大学生有更多的机会展示自己的学术才能。

第二，高校可以通过课程设置、校园文化活动等方式，加强对科学精神和科学人才观的传播，让大学生了解科学研究的重要性，树立正确的科研态度。

第三，高校可以建立学分制度，将科研活动纳入学分体系，让大学生可以通过参与科研活动获得学分，从而提高大学生参与科研活动的积极性。

第四，高校可以组织一些科研经验丰富的教师对大学生进行指导，帮助大学生了解科研的基本方法和技巧，提高大学生的科研能力。

（二）创造良好的物质条件

在当前形势下，我国大学生的科研活动确实存在资金不足的问题。因此，加强大学生科研活动管理，为大学生参与科研活动创造良好的物质条件是非常重要的。

为大学生科研活动的顺利开展提供良好的物质条件，高校管理人员要实现大学生科研活动经费来源的多样化。具体来说，可以采取以下措施。

第一，高校可以设立专门的科研活动基金，为大学生的科研项目提供一定的资金支持。基金可以来自学校的预算，也可以通过社会筹集等方式增加资金来源。

第二，高校可以通过学校行政拨款的方式，为大学生的科研活动提供一定的资金支持。这可以通过制定相关的政策和规定，将科研活动的资金纳入学校预算并规范使用。

第三，高校可以号召社会各界资助大学生的科研活动，如通过校企合作、校友捐赠等方式，为大学生提供科研经费。

第四，大学生可以通过将自己的科研成果转让给企业或其他机构，获得一定的资金回报，从而为科研活动的持续开展提供资金支持。

（三）将大学生科研活动与教学紧密结合

将大学生科研活动与教学活动紧密结合有助于为大学生科研活动开启新的渠道。这种结合可以帮助教师更好地发挥在大学生科研活动中的引导作用，同时也可以提高大学生的科研能力和学术素养。具体来说，这种结合可以通过以下方式实现。

第一，教师在教学过程中可以引入自己的科研成果，向大学生展示科研的价值和魅力。同时，教师还可以引导大学生就某一方面的科研进行相关资料的搜集和研究，提供必要的指导和支持。

第二，高校可以开设一些与科研活动相关的课程，如研究方法、实验技术等，为大学生提供必要的科研技能培训。同时，高校还可以鼓励教师将科研与教学相结合，将科研成果转化为教学资源，使大学生更好地理解和掌握知识。

第三，大学生可以利用课余时间开展各种形式的科研活动，如参与教师的科研项目、自主选题进行科研探索等。这些活动可以让大学生将所学知识运用到实践中，提升自己的科研能力和学术素养。

（四）认识到大学生参加科研活动的重要性

高校管理人员应该意识到参加科研活动对大学生而言具有重要的意义，不仅有助于他们对相关理论知识的理解和实际应用，还有助于增强本校的学术氛围。然而，当前很多高校管理人员还没有充分认识到这一点，对大学生的科研活动缺乏合理的引导和管理。因此，高校必须认识到大学生参加科研活动的重要性，并采取措施正确地处理以下几种关系。

第一，人才与出成果的关系。高校不仅要注重科研成果的产出，更要注重人才的培养。因此，在引导和管理大学生的科研活动时，要注重培养他们的科研能力和综合素质，而不是只关注科研成果的数量和等级。

第二，课内科研与课外科研的关系。大学生的科研活动不仅可以在课堂上进行，也可以在课外进行。因此，高校应该鼓励和支持教师将科研与教学相结合，引导和组织大学生开展课外科研活动，充分利用课余时间进行深入的科研探索。

第三，低年级与高年级学生参加科研活动的关系。大学生的科研活动不应该只针对高年级学生，也应该鼓励低年级学生参与。高校可以制定相关政策和计划，为低年级学生提供更多的科研机会和指导，帮助他们逐步提高科研能力和素养。

通过正确处理这些关系，高校可以帮助大学生从零星地、自发地参加科研活动转变为系统地参加科研活动，从毫无规划地参加科研活动转变为在正确指引下参加适合自己的科研活动。这有助于提高大学生的科研能力和学术素养，推动高校学术发展。

（五）建立健全大学生科研成果评审机制和科研活动激励机制

大学生参加科研活动的积极性和主动性对其科研成果的评价和评审结果有着直接的影响。当大学生的科研成果得到较好的评价时，会极大地鼓舞他们积极参加科研活动，增强他们的自信心和动力。相反，如果科研成果评价不佳或者没有得到足够的认可，则有可能打击大学生参加科研活动的积极性，降低他们的主动性和热情。

因此，高校应该建立健全大学生科研活动的成果评审机制和激励机制，以科学、合理的方式来评估大学生的科研成果，引导大学生正确认识自己的科研行为。同时，高校还应该采取各种激励政策和方法，如设立科研奖励、提供科研经费、举办科研成果展示等，以此来鼓励和引导大学生参加科研活动，激发他们的兴趣和热情，提高他们参加科研活动的积极性和主动性。这些措施不仅可以提高大学生的科研能力和素质，还可以为高校培养更多优秀的人才，从而推动科研事业的继续发展。

第四节　高等教育科研管理体系的构建

一、明确管理体系的目标和定位

高等教育科研管理体系应当明确推动科研发展和提升科研水平的目标，

并以此为定位，建立相应的管理制度和管理流程。具体来说，主要包括以下几个方面。

第一，建立科学、完善的管理制度，确保科研工作的有序性和规范性。

第二，建立高效、透明的管理流程，包括项目申报、评审、实施、监督和结题等环节，确保科研项目按照计划进行，并取得预期的成果。

第三，提供充足的科研经费和设备，为科研人员提供必要的支持和保障。

第四，建立科学、公正的科研成果评价体系，对科研成果进行科学评价，为科研人员的晋升和奖励提供依据，同时也可以为今后的科研工作提供参考。

第五，建立激励制度，鼓励科研人员的创新和努力，提高科研人员的工作积极性和创造性。

二、确定管理层次和职能

根据高校科研管理的实际情况，确定不同层次的管理职能，如校级、院级和项目组级别的管理职能，确保科研管理的有序性和高效性。具体来说，主要包括以下几个方面。

第一，校级管理职能。制定全校的科研政策和管理制度，协调校内外科研资源，组织重大科研项目的申报和实施，监督全校的科研工作等。

第二，院级管理职能。根据全校的科研政策和管理制度，制定适合本学院的实施细则，组织本院的科研项目申报和实施，协调院内资源，为科研人员提供必要的支持和保障等。

第三，项目组管理职能。组织项目组的科研工作，协调组内资源，确保项目的顺利进行，参与项目的评审和结题验收等。

三、建立项目管理机制

建立完善的项目管理机制，包括项目申报、评审、实施、监督和结题等环节，确保科研项目按照计划进行，并取得预期的成果。具体来说，主要包括以下几个方面。

第一，项目申报。建立项目申报的制度和流程，明确项目申报的条件和要求，提供必要的支持和指导。

第二，项目评审。建立科学、公正的项目评审机制，组织专家对项目进行评审，确保项目的学术水平和研究价值。

第三，项目实施。建立项目实施的制度和流程，明确项目实施的要求和责任人，对项目实施进行监督和指导。

第四，项目监督。建立项目监督的制度和流程，明确项目监督的要求和责任人，对项目实施进行定期或不定期的检查和评估。

第五，项目结题。建立项目结题的制度和流程，明确项目结题的要求和责任人，对项目成果进行验收和评估。

四、建立科研成果评价体系

建立科学、公正的科研成果评价体系，对科研成果进行科学评价，为科研人员的晋升和奖励提供依据，同时也可以为今后的科研工作提供参考。具体来说，主要包括以下几个方面。

第一，明确评价目的。评价目的是评价体系的指南，包括科研人员的晋升、奖励、招生等方面的需求。

第二，确定评价标准。评价标准包括学术水平、学术影响、研究价值等方面，应该科学、全面地反映研究成果的价值和水平。

第三，确定评价方法。评价方法包括同行评议、专家评估、文献计量等多种方法，应该根据评价目的和评价标准选择合适的方法。

第四，建立评价流程。建立科学、公正的评价流程，包括初评、复评、终评等环节，确保评价结果的准确性和公正性。

五、建立科研人员激励机制

建立激励制度，鼓励科研人员的创新和努力，提高科研人员的工作积极性和创造性。具体来说，主要包括以下几个方面。

第一，设立科研奖励。设立科研奖励，对在科研工作中取得突出成绩的人员进行表彰和奖励，鼓励大家积极参与科研工作。

第二，提供晋升机会。提供晋升机会，根据科研人员的科研成果、学术影响等进行晋升评估，扩展科研人员的职业发展空间。

第三，提供研究经费。提供充足的研究经费，为科研人员提供必要的支持和保障，鼓励大家积极开展科研工作。

第四，提供研究设备。提供必要的研究设备，为科研人员提供必要的支持和保障，提高科研工作的效率和水平。

六、建立跨学科合作机制

建立跨学科合作机制，促进不同学科之间的交流和合作，推动科研的交叉融合和创新。具体来说，主要包括以下几个方面。

第一，建立跨学科研究团队。鼓励不同学科的科研人员组成研究团队，共同开展跨学科研究工作。可以通过设立跨学科研究项目，明确要求跨学科合作，同时提供必要的支持和鼓励，如研究经费、实验室设备等。

第二，促进学科交叉和交流。高校可以通过举办学术会议、研讨会、讲座等形式，促进不同学科之间的交流和交叉，提供交流的平台和机会。可以邀请不同学科的专家和学者进行交流，分享最新的研究成果和思路。

第三，提供跨学科研究经费。设立专门的跨学科研究经费，支持不同学科的科研人员共同开展研究，促进学科交叉和合作。可以设立专项基金，或者在科研项目申请中设置跨学科合作的相关要求。

第四，建立跨学科课程和培养方案。鼓励学生和教师参与跨学科学习和研究，培养跨学科思维和能力。可以开设跨学科的课程和讲座，鼓励学生参加跨学科的实习和实践活动。

第五，建立跨学科研究中心。整合不同学科的资源和力量，开展跨学科研究和合作，推动科研的交叉融合和创新。

七、建立国际化合作机制

建立国际化合作机制，加强与国际先进科研机构和优秀科研人员的交流与合作，推动科研水平的提升和国际影响力的扩大。具体来说，主要包括以下几个方面。

第一，建立国际合作平台。建立国际合作平台，吸引国际先进科研机构和优秀科研人员参与，开展多种形式的合作与交流。

第二，组织国际学术会议。组织国际学术会议，邀请国内外优秀科研人员参加，促进学术交流和合作。

第三，开展国际合作项目。与国际先进科研机构合作，开展合作研究项目，共同攻克技术难题，提高科研水平和国际影响力。

第四，引进国际优秀人才。引进国际优秀人才，为学校的科研工作注入新的活力和思路，促进学校科研水平的提升。

八、建立科研服务机制

建立完善的科研服务机制，为科研人员提供全方位的服务和支持，包括技术支持、数据分析、文献检索等多个方面。具体来说，主要包括以下几个方面。

第一，为科研人员提供必要的技术支持，包括实验设备的使用、数据分析的方法等。

第二，为科研人员提供数据分析的服务，对实验数据进行分析和解释，为研究结果提供科学的支持。

第三，为科研人员提供文献检索的服务，帮助科研人员查找和获取相关的研究资料和文献。

第四，定期组织科研培训，提高科研人员的学术水平和研究能力。

第六章　高等教育的其他管理研究

在知识经济时代，高等教育的管理与发展成为至关重要的话题。本章将对高等教育的德育管理、安全管理以及后勤管理进行研究，通过对本章内容的学习，可以更深入地理解高等教育的管理问题，提供更有效的管理工具和方法，推动高等教育的持续发展。

第一节　高等教育的德育管理研究

一、思想道德教育的内涵

思想道德教育的内涵十分丰富，不仅包括对学生进行行为规范的教育，还包括对学生进行人类情感、人类文化积淀及精神境界等各方面的培养。这些方面相互关联，共同构成了一个全面的教育体系。思想道德教育的目标主要是培养学生的思想道德素养。

二、高校思想道德教育的基本原则

高校思想道德教育的基本原则主要包括以下几个方面（图6-1）。

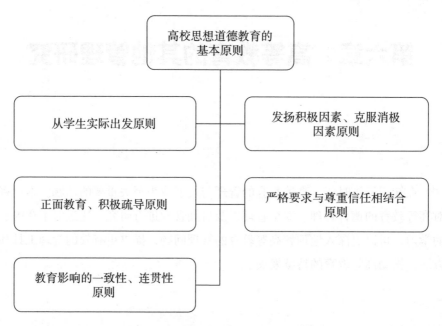

图6-1　高校思想道德教育的基本原则

（一）从学生实际出发原则

根据学生的个性特点进行德育。由于遗传、环境和教育方面的个体差异，学生形成了鲜明的个性特征。因此，教育工作者必须进行具体的研究，把握学生的个性特征，根据他们的具体情况开展德育工作。

（二）发扬积极因素、克服消极因素原则

第一，适应形势，把消极因素转化为积极因素。学生品德的优劣、长处

和短处是相对的，在一定条件下可以相互转化。

第二，引导学生进行自我评价。教师应帮助学生谦虚地听取家长、老师、同学等方面的意见，善于自我分析，自觉反思，自觉修身养性。

（三）正面教育、积极疏导原则

要通过实践练习，反复训练他们克服思想和行动上的各种艰难险阻，培养良好的行为习惯。

第一，积极推理，畅通引导，激发自我意识。通过陈述事实和推理，使学生掌握马克思主义的基本理论；通过交流和引导，使学生明辨是非、真伪、善恶、美丑。

第二，树立先进典型，通过榜样教育引导学生不断前进。我们可以为学生树立一些道德榜样和先进典型，并通过先进典型的形象来辅助德育教育，激发学生的动力，教育、引导和激励他们前进。

第三，以表扬为主，批评和惩罚为辅，鼓励他们继续前进。尤其要反对侮辱学生人格的负面指责、斥责、讽刺、言语辱骂，甚至体罚。

（四）严格要求与尊重信任相结合原则

第一，爱、尊重和信任学生。老师应该平易近人，关心每一个学生，尤其是要对后进生表现出极大的爱、尊重和理解。教师应该当学生的好老师和好朋友。

第二，对学生的要求应正确、适度、明确、具体、有序、一致。

第三，教师要严格要求自己，以身作则。榜样比言语更重要，在老师要求学生做什么之前，他们必须自己先做好，成为学生的榜样。

（五）教育影响的一致性、连贯性原则

首先，要做好衔接工作，包括衔接不同年级学生的思想教育。其次，对学生的思想品德教育要持续不断地进行。

高校思想道德教育的各个原则不是孤立的，而是相互联系、相互渗透的，形成了一套完整的德育原则体系，应全面应用于德育工作中。

三、高校思想道德教育的主要内容

高校思想道德教育的主要内容包括以下几个方面（图6-2）。

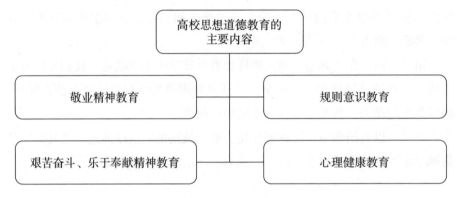

图6-2　高校思想道德教育的主要内容

（一）敬业精神教育

每个人都应该对自己的职业有自豪感，这不仅是对自己的尊重，也是对所从事工作的尊重和认可。把职业视为光荣的使命，意味着不仅是为了薪水或生计而工作，而是为了更高的目标——为社会作贡献，促进公共利益，或者实现个人价值。

当我们对自己的职业有深深的自豪感时，工作就会更加投入时，更加专注于自己所做的事情，也会更加有动力去追求卓越的发展。这种态度不仅可以提升我们的工作效率和质量，还可以影响我们周围的人，激发他们的积极性和热情。同时，把职业视为光荣的使命，也可以帮助我们超越日常的琐碎和疲惫，体验到工作的意义和价值。这样，我们就可以在工作中获得满足感和幸福感，实现热爱职业、成为社会有用的人才的目标。

（二）规则意识教育

职业行为规范体现在职业活动中，但其培养取决于时间的积累。应将职业行为的基本规范嵌入日常行为教育中，结合"公共道德"教育，使学生理解"先学规则，后学技能"的原则。

（三）艰苦奋斗、乐于奉献精神教育

没有努力工作和创业的意识，就无法承受挫折和委屈。在推荐毕业时，许多学生只关注薪水高、条件好的大城市和机构，不愿意去基层；工作强调条件和效益，而不是实用性和奉献精神。在加强职业道德教育中，要让学生明白，平凡和艰难的岗位是锻炼意志力的最佳课堂。

（四）心理健康教育

现代社会竞争激烈，大学生对自身地位、水平和未来就业问题的理解存在显著差异。因此，积极地进行心理调整和维护心理健康，可以促使大学生积极适应社会和生活的各种变化。

四、当前大学生常见的思想道德问题

当前大学生常见的思想道德问题主要包括以下几个方面（图6-3）。

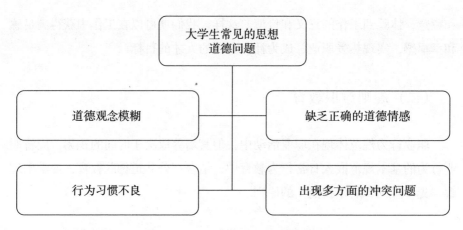

图6-3　大学生常见的思想道德问题

（一）道德观念模糊

大学生的道德观念和行为习惯对他们的成长和发展至关重要。吃、喝、玩、乐虽然可以带来短暂的快乐，但并不代表真正的"实惠"，而且如果过度沉迷于这些方面，可能会面临身体健康问题、人际关系问题以及经济负担。

真正的友谊应该建立在相互尊重、信任和支持的基础上，而不是所谓的"哥们义气"。守纪律和自由并不矛盾，而是相辅相成的。遵守纪律可以帮助我们更好地发挥自己的潜力，实现自己的价值，而不是限制我们的个性发展。

缺乏远大理想和信念不坚定的大学生可能会缺乏进取心，容易陷入精神空虚和贫困。这些学生需要认识到自己的潜力和价值，并努力发掘自己的优点和特长，以实现自己的目标。

（二）缺乏正确的道德情感

大学生的情感状态对他们的成长和发展同样重要。正确的道德情感和良好的情绪管理能够促进大学生身心健康和人际关系和谐，而缺乏正确的道德情感和情绪管理则可能出现一系列问题。

　　爱憎颠倒、荣辱不分、重江湖义气和缺乏真正的正义感，这些情感倾向都可能导致大学生做出不理智的行为。例如，在处理人际关系时，他们可能会因为一时的义气而忽略真正的正义和道德，或者因为追求虚荣而做出一些不切实际的决策。

　　同时，大学生在面对批评、斥责和嫌弃时，常常会产生反感、对抗和自卑等情绪。这些情绪如果得不到有效的管理和调节，就可能导致他们出现攻击性行为或者逃避现实行为。

（三）行为习惯不良

　　品德不良的学生常常会有一些坏习惯，这些习惯不仅会影响他们的学习和生活，还会对他们的身心健康造成严重危害。

　　例如，不诚实、说谎的习惯可能会导致信任危机，破坏人际关系，同时也会让品德不良的学生产生心理压力和道德困扰。好逸恶劳、不惜时光的习惯可能会让他们缺乏自律和时间管理能力，影响他们的学习和未来的发展。自由散漫、不守纪律的习惯可能会导致他们在团队中难以合作，破坏集体秩序。例如，流氓习气、低级趣味可能会让他们做出不良行为，甚至违法犯罪；爱占小便宜、偷窃行为等可能会让他们形成错误的价值观和行为模式，同时也会损害他人的利益和尊严。

（四）出现多方面的冲突问题

1.独立自主的需要与家庭、社会管束之间的冲突

　　大学生独立自主的意识很强，他们希望能自己作决定，脱离家庭的束缚，以超然的态度看待世界。然而，他们仍然与家庭和社会有着密切的联系，这使得他们感到自由受到了限制，从而产生对立的情绪和不良的言行。

2.不良习惯与集体规范的冲突

　　有些大学生因为不良习惯而在集体生活中遇到冲突，他们可能会选择独

来独往、逃避集体活动，从而导致与集体之间的距离拉大。这种行为不仅不能帮助他们改正已有的不良习惯，还可能养成新的不良行为习惯。

因此，大学生在集体生活中要注重遵守规范，尊重他人的权益和需求，学会控制自己的行为，以避免给他人带来困扰。同时，也要积极参与集体活动，建立良好的人际关系，以促进个人的成长和发展。

3.强烈的个人欲望与缺乏现实性的冲突

大学生正处于探索和发现自身欲求和需要的阶段，他们有着良好的个人素质，并期望社会能够提供更好的条件来满足他们的需求。由于经济上尚未独立，生活的范围也相对狭窄，这就会限制他们实现欲求的可能性。

在这种冲突下，如果大学生不能有效地抑制自己的欲求，就可能会采取一些不正当的方式来获得满足。这些不正当的行为可能包括欺骗、盗窃、抄袭等不道德的行为，或者是过度消费、借贷等不理智的行为。

因此，大学生要学会理性地控制自己的欲望，采取正当的方式来实现自己的需求。同时，也需要社会为大学生提供更加优越的条件和机会，以帮助他们更好地成长和发展。

4.自尊的需要与人轻言微的冲突

一些大学生在中学阶段可能是佼佼者，他们常常受到师长的器重和同学的敬佩，但是进入大学后，这种优越感可能会消失，导致一些人感到惆怅和失落。这种心理变化可能会影响到他们的学业和个人的成长。有些人可能会因此萎靡不振，导致学业荒废。这种行为表现可能会进一步加剧他们的失落感。

五、大学生思想道德教育的有效管理

（一）优化校园文化环境

1.建设优美的校园自然环境

校园自然环境包括校园的绿化、景观、建筑、设施等方面，这些硬件设施的质量和状态都会直接影响到学生的身心健康和学习效果。例如，如果校园环境脏乱差，路面破损，建筑老旧，这些都会让学生感到不舒服和不安，影响他们的学习状态和情绪。

相反，如果校园环境优美整洁，有充足的绿化和景观，建筑新颖美观，设施齐全先进，这些都会让学生感到愉悦和满足，提高他们的学习积极性和效率。

此外，校园环境还具有重要的精神抚慰作用，可以缓解学生的压力和焦虑，提高他们的自信心。一个良好的校园环境可以让学生感到安全、舒适和自由，有利于他们的身心发展和健康成长。

因此，学校应该重视校园自然环境的建设和管理，为学生提供良好的学习和生活环境，促进他们身心健康和全面发展。

2.建设良好的校园文化环境

校园文化环境是校园环境的"软件"，集中体现在校风、学风、班风的建设方面，对学生的健康成长和全面发展具有重要的作用。

良好的校风、学风和班风是一种无形的力量，能够潜移默化地影响学生的心理和行为，塑造他们的价值观和行为习惯。良好的校风表现为学校的凝聚力、向心力和团队精神，能够让学生获得归属感和荣誉感，激发他们的学习积极性和创造性。良好的学风表现为学生的学习态度、学习习惯和学习方法，能够让学生掌握科学的学习方法，提高学习效率，培养他们的自主学习能力和创新精神。良好的班风表现为班级的氛围、纪律和文化，能够让学生感受班级的温暖和凝聚力，增强他们的集体意识和团队协作精神。

良好的校园文化环境为大学生的健康成长提供了重要的精神土壤和心理

氛围，有助于培养学生的自信心、自我认知和自我调节能力，提高他们的心理素质和应对能力。同时，也有助于提高学生的文化素养，增强他们的文化自信心和民族自豪感，推动校园文化的传承和创新。

3.开展丰富多彩的校园文化活动

校园文化活动是大学生成长发展的重要平台和载体，通过开展各种学术活动、文艺活动、体育活动、节日庆典、社团活动等，为学生的全面发展提供机遇和舞台。

在校园文化活动中，学生可以发挥个人才能，展示自己的特长和优势，增强自信心和自我认同感。同时，参与各种活动也可以增加学生的人际交往机会，扩大社交圈子，增强社会适应能力。这些活动还能够丰富学生的精神生活，使生活变得富有情趣，并能获得更多的社会心理支持，使自己的心理世界更加健康。

例如：学术活动可以让学生发挥自己的学术研究和思考能力，提高自己的学术水平和研究能力；文艺活动可以让学生展示自己的艺术才能和审美能力，提升自己的文化素养和艺术鉴赏能力；体育活动可以让学生锻炼身体和意志，培养自己的体育精神和团队精神；节日庆典可以让学生感受到校园文化的多样性和丰富性，增强自己的跨文化交流能力；社团活动可以让学生参与志愿活动和公益事业，培养自己的社会责任感和公益意识。

因此，学校应该积极组织开展各种校园文化活动，为学生提供更多的发展机会和平台，促进他们的全面发展，同时也能够丰富校园文化生活，营造良好的校园氛围。

（二）创设良好的道德环境

品德不良的学生常常受到家长和教师的批评，以及同学的歧视和排斥，因此他们往往比较敏感、自卑和抵触。这种心理状态下的教育很难取得良好的效果。为了帮助他们更好地接受教育，教师需要采取一些措施来改善师生关系和生生关系。

首先，教师应该真心实意地尊重、关心和爱护这些学生，让他们感受到老师的善意和集体的温暖。只有这样，他们才会逐渐消除疑虑和抵触情绪，增强对别人的信任感。

其次，教师可以通过一些具体的方法来改善学生之间的关系。例如，可以组织一些合作性的活动，让学生之间相互帮助、相互信任，从而加深彼此之间的了解和友谊。同时，也可以鼓励学生在课堂上积极参与讨论，增加彼此之间的交流和互动。

最后，教师还应该给予这些学生更多的关注和鼓励，帮助他们发现自己的优点和潜力。在教育过程中，应该采取一些积极的方法，如表扬、奖励等，来激励他们努力学习和改进自己的行为。

总之，对于品德不良的学生，教师需要采取一些积极的措施来改善他们与他人之间的关系，增强他们的信任感和自信心，从而使他们能够更好地接受教育。

（三）将品德心理的维护课程纳入学校的正常教学体系

通过对品德心理的维护课程的学习，可以帮助学生了解品德发展的规律和特点，掌握维护自身品德心理的方法和技巧，提高自我认知和自我调节能力，促进学生健康成长和全面发展。同时，也可以帮助教师更好地了解学生的心理状况，采取更加科学合理的教学方法，提高教学质量和效果。

为了达到这个目标，品德心理的维护课程应该注重实践性和应用性，结合具体案例和情境进行教学，让学生能够真正掌握维护自身品德心理的方法和技巧。同时，教师也应该注重自身素质的提高，学习相关知识和技能，以便更好地指导学生。

（四）矫正大学生品德不良的心理

1.提高道德认知

道德不良的学生往往在认知上存在偏差，这可能导致他们做出错误的决定或行为。通过提高他们的道德认知，可以帮助他们理解正确的行为和价值观，从而改变他们的不良行为。以下是一些有助于提高学生道德认知能力的方法。

第一，帮助学生了解他们的不良行为对他人和自己造成的负面影响。这可能需要教师和家长的合作，以提供清晰的例子和解释。

第二，向学生展示正确的行为和价值观的例子，可以是书本中的故事、现实生活中的英雄事迹，或者是他们自己的良好行为。

第三，教导学生如何进行正确的行为选择，并帮助他们掌握批判性思维技巧。

第四，对于学生表现出的正确行为，给予积极的反馈和奖励，以增强他们的自信。

第五，使学生认识到他们对自己和周围人的责任，并培养他们尊重他人、关心他人的态度。

2.保护自尊心

自尊心是人们积极向上、努力克服缺点的内部动力之一，即使是品德不良的学生也有自尊心，甚至可能更为敏感。因此，教师在教育过程中需要尊重学生，维护他们的自尊心，并通过发掘他们身上的积极因素来培养和激发他们的自尊心。同时，也应该鼓励他们发扬优点、克服缺点，增强前进的信心和勇气。这样，才能更好地帮助他们成长，使他们成为更好的人。

3.通过实践锻炼与诱因作斗争的意志力

让学生暂时避开某些诱因是有益的，但回避并不是根本解决办法。根本的解决办法是增强学生的意志力，巩固新的行为习惯。为了达到这个目的，可以通过一定的考验方式，让学生得到锻炼的机会。

具体来说，可以通过让学生担任纪律检查员或财物保管员等职务来提供锻炼机会。但是，这种考验应该在估计不会出问题的情况下进行，并且需要适当的引导和监督，以确保成功。此外，我们还需要在学生成功完成任务后给予适当的奖励和认可，以增强他们的自信心。

4.区别对待学生的不良品德

教育需要根据学生的个体差异采取灵活多样的方式。对于年龄、个性以及错误性质和严重程度不同的学生，需要采取不同的教育方式。在多数情况下，将个别教育与集体教育相结合是有效的。

对于个别教育，需要关注每个学生的特点和问题，通过了解他们的背景、兴趣、能力和学习方式，制订个性化的教育计划。这可能包括提供额外的辅导、制订特殊的学习计划或提供其他支持。同时，集体教育也很重要。在集体教育中，可以教学生如何与他人合作、如何遵守规则以及如何处理社会问题。这些技能在他们的生活中是非常重要的。

（五）进行品德心理辅导

1.选准人生目标理想

一个人需要调整好人生的航向，认清社会前进的方向。如果个人的理想与社会理想一致，那么就会像鱼在水中一样自由自在。相反，如果个人的理想与社会理想相悖，就会遇到很多困难和挑战。因此，要选择与社会发展潮流一致的理想才能够在人生的道路上走得更远。

2.认识自我

自我意识是指一个人对自己的认识和评价。在品德发展中，自我意识起着调节的作用，能够让人们选择比较恰当的方式来达到自己的目标。自我意识发展水平较高的人通常有较强的自我控制能力，能够更好地掌控自己的情绪和行为。

大学生由于经验有限，往往对自己评价过高，夸大自己的优点，忽视自己的缺点，并对社会和他人提出过高的要求。这可能会导致他们难以与他人建立良好的人际关系，或者选择不合适的位置来发挥自己的才能。

因此，正确、客观的自我认识对一个人的成长和发展至关重要。只有正确认识自己的优点和缺点，才能选择适合自己的位置，实现自己的目标和价值。这需要大学生们在成长过程中不断反思和自我评估，不断提高自我意识。

3.融于集体

水滴只有融于大海才不会干涸，同样，个人只有在集体中才能展现出自己的品德和存在价值。

在与人交往、共同实现某一目标的活动中，人的品质得以表达和体现。在集体中，自我与他人的联系更为紧密，这为他人了解自己以及自我认识提供了机会。通过与他人的互动和交流，可以不断反思和修正自己的道德观念和价值观。

因此，大学生需要在集体中积极参与活动，与他人紧密联系，展现自己的品质和价值。只有这样，才能更好地实现自我价值，并为社会作贡献。

4.善用评价

进入大学后，学生面对更多更严格的要求，可能会感到失落和自卑。这时，他们需要坚信自己，并努力提高自己的自学能力、交往能力、道德品质修养等。与他人交流虚心听取他人的建议和意见也是有益的。

同时，人也需要保持谦虚，不要盲从或迎合他人，而是要换一个角度来看待自己，防止陷入过分自傲或自卑的泥潭。在品德发展的路上，人不能放弃自己，也不能失去朋友，因为人的成长总是需要与他人相互促进的。

总之，大学生需要在自我评价方面保持自信和谦虚，不断提高自己的能力和素质，与他人交流和合作，才能实现自我价值并为社会作贡献。

5.充实道德知识

大学生是社会的一个重要群体，他们肩负着社会的期望和责任。在大学阶段，除了学习专业知识和技能外，充实道德知识也是非常重要的。

第一，充实道德知识可以帮助大学生更好地认识自己和他人。通过学习道德知识，大学生可以了解自己的价值观、行为准则和道德标准，从而更好地认识自己的优点和不足。同时，也可以更好地理解他人的行为和思想，尊重个体的差异和多样性。

第二，充实道德知识可以提高大学生的道德素养和社会责任感。大学是培养人才的重要场所，大学生的行为和言论对社会有重要影响。通过学习道德知识，大学生可以明确自己的社会责任和义务，形成良好的道德品质和行为习惯，为社会做出积极贡献。

第三，充实道德知识可以提升大学生的综合素质和竞争力。在当今竞争激烈的社会中，除了专业知识和技能外，综合素质和道德素养也越来越受重视。通过学习道德知识，大学生可以提升自己的综合素质和竞争力，更好地适应社会的发展和变化。

6.投身实践

大学生应该通过自己的实际行动来展现他们的道德观念，而不是仅仅停留在口头或理论上。他们也可以将自己的道德观念转化为实际行动，从而影响和帮助更多的人。因此，教育心理学家提醒大学生要注意自己的行为，努力将道德观念转化为实际行动，从而缩小观念和行为之间的差距，实现言行的统一。通过积极参与集体活动，与他人共同经历，他们可以逐步养成符合自己道德观念的行为习惯，进一步巩固和提升自己的道德水平。

第二节　高等教育的安全管理研究

一、高校学生安全管理的特点

高校学生安全管理有以下特点（图6-4）。

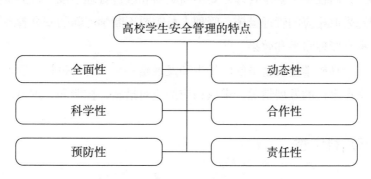

图6-4　高校学生安全管理的特点

（一）全面性

高校学生安全管理具有全面性的特点，主要表现在以下几个方面。

第一，高校学生安全管理涉及学生的学习、生活、实践等方方面面，包括学生的人身安全、财产安全、信息安全等方面，需要针对不同的安全问题采取相应的管理措施。

第二，高校学生安全管理包括安全意识、安全知识、安全技能等方面，需要对学生进行全面的安全教育和培训，提高他们的安全意识和自我保护能力。

第三，高校学生安全管理需要各方面的合作和支持，包括学校领导、管理人员、教师、学生等，需要全员参与，共同推进。

第四，高校学生安全管理需要在决策、计划、组织、协调、控制等各个方面进行，通过有效的资源利用和科学的手段运用，达到预防安全危机或安全事故发生的目的。

（二）动态性

高校学生安全管理具有动态性的特点，主要表现在以下几个方面。

第一，高校学生的安全状态是不断变化的，不同的学生处于不同的安全状态。学生安全管理人员需要针对不同学生的安全状态采取相应的管理措施，及时跟进和处理学生的安全问题。

第二，高校学生安全管理需要不断更新和改进管理手段，根据学生的需求和问题采取相应的管理措施。管理人员需要不断学习新的安全管理知识和技能，提高管理水平和效果。

第三，高校学生安全事件的发生和发展是一个动态的过程。管理人员需要及时掌握事件的发展情况，采取相应的应对措施，控制和处理事件。

（三）科学性

高校学生安全管理具有科学性的特点，主要表现在以下几个方面。

第一，高校学生安全管理需要遵循一定的理论指导，如安全管理学、心理学、社会学等理论，通过理论学习和管理实践，不断提高管理人员的管理水平和效果。

第二，高校学生安全管理需要依靠一定的数据分析，如学生安全问题统计、事件发生规律分析等，通过数据分析，了解学生的安全问题和发展趋势，为制定管理决策提供依据。

第三，高校学生安全管理需要进行风险评估，如对校园安全隐患、学生心理问题等进行评估，制定相应的风险控制措施，预防安全事件的发生。

第四，高校学生安全管理需要进行经验总结，如对学生安全管理实践中存在的问题进行总结和反思，对成功的经验进行总结和推广，不断提高管理水平和效果。

（四）合作性

高校学生安全管理具有合作性的特点，主要表现在以下几个方面。

第一，高校学生安全管理需要各部门的合作和支持，如学生处、保卫处、后勤处等部门，需要共同协调和配合，实现学生安全管理的全面覆盖和无缝对接。

第二，高校学生安全管理需要师生合作，共同推动学生安全工作的开展。教师需要关注学生的安全问题，及时介入和解决；学生需要加强自我管理、自我保护，积极参与安全教育和培训。

第三，高校学生安全管理需要家校合作，家长需要关注学生的安全情况，积极与学校沟通，共同帮助学生提高安全意识和自救能力。

第四，高校学生安全管理需要与社会各界进行合作，如公安机关、医疗卫生机构等，共同为学生提供安全保障和支持。

（五）预防性

高校学生安全管理具有预防性的特点，主要表现在以下几个方面。

第一，高校学生安全管理需要进行安全隐患排查，及时发现和处理存在的安全问题，预防安全事件的发生。

第二，高校学生安全管理需要进行安全教育，提高学生的安全意识和自救能力。

第三，高校学生安全管理需要建立预警机制，对可能出现的安全事件进行预警，及时采取相应的措施进行防范。

第四，高校学生安全管理需要制定应急预案，针对不同的安全事件制定相应的应急措施，预防和减少安全事件的发生和影响。

（六）责任性

高校学生安全管理需要各级管理人员具备较强的责任感和使命感，落实好安全管理各项工作，确保学生的安全和稳定。具体来说，各级管理人员需要做到以下几点。

第一，高度重视学生安全管理工作，认真履行安全管理职责。

第二，及时掌握学生的安全状况，发现和解决已经存在的安全问题。

第三，做好学生安全意识的培养和提高工作，普及安全知识和技能，提高学生的自我保护能力。

第四，加强与各部门的协调和配合，共同推动学生安全工作的开展。

第五，严格执行监督检查和奖惩制度，确保各项工作有效执行和落实。

第六，在应急处置方面，要迅速、有效地处理和控制安全事件，防止事态扩大。

二、高校学生安全管理的原则

高校学生安全管理的原则主要包括以下几个方面（图6-5）。

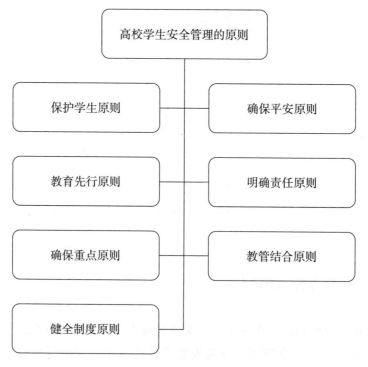

图6-5　高校学生安全管理的原则

（一）保护学生原则

高校学生是校园的主要群体之一，他们的安全和健康问题直接关系到校园的和谐稳定和教育教学工作的顺利进行。在高校学生安全管理工作中，应该以学生为主体，针对学生的知识结构和年龄特点，开展安全教育和管理活动，旨在保护学生的安全和健康。

具体来说，高校应该加强学生安全教育，保障学生在校期间的人身安全和财产安全。同时，高校应该建立健全学生安全管理体系，完善学生安全管理机制，明确学生安全管理责任，确保学生安全管理工作的有效实施。此外，高校应该加强学生安全事件的预防和处置工作，及时发现和处理学生安全事件，保障学生的合法权益。

总之，高校应该重视学生安全管理的工作，严格按照国家和地方相关的法律法规及规章制度，采取有效的措施和方法，确保学生安全管理工作的有效实施，维护校园的和谐稳定和学生的合法权益。

（二）确保平安原则

高校学生安全管理涉及的范围非常广，大到政治稳定、社会安全，小到学生自身安全、财产安全，都是高校学生安全管理的范围。在高校学生安全管理中，确保平安是首要原则。在所有工作中，学生平安是最大的。首先考虑的就是高校学生是否平安，在处理事件的过程中，平安原则要贯彻始终。

（三）教育先行原则

教育先行原则就是在高校学生安全管理中，注重发挥安全教育的预防作用，加强学生安全管理，预防安全事件的发生，保障学生的安全和健康。同时，在安全教育活动中，应该注重以人为本，针对学生的知识结构和年龄特点，开展符合学生需求的安全教育活动。此外，高校应该加强学生安全事件的预防和处置工作，及时发现和处理学生安全事件，保护学生的合法权益。

（四）明确责任原则

明确责任原则是高校学生管理应遵循的原则之一，原因有以下几点。

第一，明确责任原则可以确保学生管理工作的有效实施。

第二，明确责任原则可以促进各部门间的协作和配合。

第三，明确责任原则可以提高工作效率和质量。

因此，高校应该贯彻明确责任原则，确保学生管理工作的有效实施，促进各部门间的协作和配合，提高工作效率和质量。

（五）确保重点原则

在学生安全管理工作中，应该遵循确保重点原则，即将有限的资源进行合理配置，优先保障重点领域和重要方面的安全。

（六）教管结合原则

教管结合原则的含义有以下几点。

第一，充分发挥教育的作用。高校应该加强学生安全教育，引导学生正确处理安全问题，避免安全事故的发生。

第二，充分发挥管理的作用。高校应该加强学生安全管理工作，建立健全学生管理体系，完善学生管理机制，明确学生管理责任，确保学生管理工作的有效实施。

教管结合原则可以保障学生安全管理工作的科学性和规范性。

（七）健全制度原则

健全制度原则是高校学生管理应遵循的原则之一，原因有以下几点。

第一，健全制度原则可以确保学生管理工作的规范化和制度化。

第二，健全制度原则可以确保学生管理工作的长期性和稳定性。

第三，健全制度原则可以确保学生管理工作的科学性和合理性。

三、高校学生安全管理的影响因素

高校学生安全管理的影响因素主要包括以下几个方面（图6-6）。

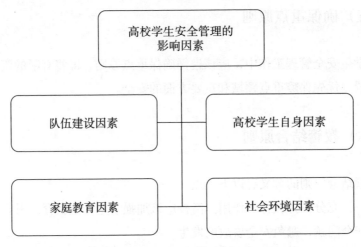

图6-6 高校学生安全管理的影响因素

（一）队伍建设因素

高校校园安全对大学的发展至关重要，而校园安全管理队伍是影响大学校园安全的关键因素。因此，高校管理者应该高度重视校园安全管理，确保安保人员和安保设备的投入到位，并将校园安全作为工作重心之一，以保障师生员工的安全和校园的稳定。

（二）高校学生自身因素

高校学生自身因素是高校学生安全管理的影响因素之一。高校应该通过加强学生心理健康教育、提高学生自我保护意识、促进学生建立良好的人际关系和行为习惯等方式来提高学生的安全意识和应对能力，从而保障校园安全管理的有效实施。

（三）家庭教育因素

家庭教育因素对高校学生安全管理有着重要的影响。家长应该重视家庭教育的作用，加强对孩子的引导和管教，培养孩子正确的价值观和行为规范，同时高校也应该与家长进行密切的沟通，共同保护学生的健康和安全。

（四）社会环境因素

随着社会的发展和进步，高校学生接触到的社会环境和信息也越来越复杂化和多样化。电脑、手机等新媒体的普及，使得学生可以更加便利地获取信息，但同时也面临着更多的网络安全和不良信息等问题。此外，一些社会不良风气、违法犯罪行为等也会对学生的人身安全和财产安全造成威胁。

四、高校学生安全管理的策略

高校学生安全管理的策略主要包括以下几个方面（图6-7）。

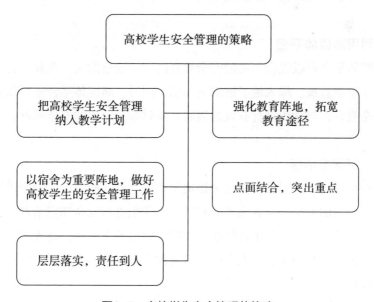

图6-7　高校学生安全管理的策略

（一）把高校学生安全管理纳入教学计划

把高校学生安全管理纳入教学计划是高校学生安全管理的实施策略之一。具体来说，高校应该将学生安全教育纳入教学计划，设置安全教育课程，编写安全教育教材，并对学生安全教育进行考核评估，以确保学生安全意识的提高和自我保护能力的增强。

安全教育课程可以包括以下方面的内容：安全意识的培养、防盗防骗、交通安全、消防安全、网络安全、心理健康等。编写安全教育教材时，应该根据学生的实际情况和需求，采用生动形象、图文并茂的方式，让学生容易理解和接受。同时，高校还应该加强安全管理的相关制度和基础设施建设，加强校园巡逻和安全管理，确保学生的生命与财产安全。

（二）强化教育阵地，拓宽教育途径

强化教育阵地，拓宽教育途径是高校学生安全管理的实施策略之一。具体来说，高校应该采取多种方式来拓宽学生安全教育的途径，包括利用新媒体平台、开展安全讲座、组织安全演练等。

1.利用新媒体平台

新媒体平台可以提供丰富的安全教育内容，通过图文、视频、音频等形式，让学生更直观、深入地了解安全知识。同时，新媒体平台还可以实现互动式安全教育，与学生进行有效的沟通，及时解决学生的安全问题。

2.开展安全讲座

高校可以通过开展安全讲座来拓宽学生安全教育的途径。安全讲座可以邀请相关领域的专家、学者或政府官员来为学生进行安全知识培训，也可以邀请具有实践经验的人员来讲解相关案例。通过安全讲座，高校可以将丰富的安全知识传递给学生，帮助学生了解各种安全问题，提高学生的安全意识和自我保护能力。

3.组织安全演练

安全演练是通过模拟实际安全事故，让学生在真实的情境中学习安全知识，提高应急处理和自我保护能力的一种有效方式。

通过组织安全演练，可以为学生提供更全面、更深入的安全知识培训，提高学生的应急处理和自我保护能力。同时，高校也应该将演练的经验和成果应用到实际的安全管理工作中，提高安全管理工作的效果和质量。

（三）以宿舍为重要阵地，做好高校学生的安全管理工作

宿舍是高校学生生活的主要场所，也是高校安全管理的主要阵地。高校应该加强宿舍安全管理，确保学生的生命财产安全。具体来说，高校应该采取以下措施。

第一，高校应该加强宿舍安全设施建设，确保学生的生命财产安全。具体来说，应该安装监控设备、消防设施等，提高安全防范能力。同时，也应该注重宿舍安全设施的日常维护和管理，确保其正常运行。

第二，高校应该制定宿舍安全管理制度，明确安全管理工作的职责和流程，确保安全管理工作的有效实施。

第三，高校应该建立宿舍安全管理队伍，确保安全管理工作的效果和质量。

第四，高校应该开展宿舍安全教育活动，让学生了解宿舍安全知识，提高学生的安全意识和自我保护能力。

第五，高校应该定期开展宿舍安全隐患排查工作，及时发现和解决宿舍安全问题，确保学生的生命财产安全。同时，高校也应该注重其他安全管理工作的实施，如加强校园巡逻、与家长建立联系等，形成全方位、全过程的学生安全管理体系。

（四）点面结合，突出重点

在实践中，高校应该将安全管理工作落实到具体的点面结合的措施中，突出重点，以更好地做好高校学生的安全管理工作。具体来说，高校应该将

安全管理工作分为多个区域，如学生宿舍、教学区、校园公共区域等，针对不同的区域采取不同的管理措施。同时，高校也应该在安全管理措施中注重突出重点，如加强对校园公共区域的巡逻、对宿舍设施进行定期检查等，以确保安全管理工作的高效和有效。

（五）层层落实，责任到人

层层落实，责任到人是高校学生安全管理的重要实施策略，具体而言可以通过以下步骤实现。

1.明确各级责任

高校应该明确各级责任，即学生工作部门、院系、辅导员、宿舍管理员等各级责任，并建立相应的责任体系，确保每个层级都有明确的责任和工作范围。

2.制定责任清单

高校应该制定责任清单，明确各级责任的具体任务和要求，以确保各项工作都有明确的责任人和任务目标。

3.签订责任书

高校应该与各级责任人签订责任书，明确其职责和工作任务，并要求其严格按照责任清单执行各项工作。

4.建立监督机制

高校应该建立监督机制，对学生安全管理工作的各个环节进行监督和检查，及时发现和解决问题，确保各项工作能够得到有效的落实和执行。

5.层层落实责任

高校应该层层落实责任，即从学生工作部门到院系、辅导员、宿舍管理员等各级责任人，都要明确自己的职责，并严格按照要求进行工作，确保各项工作计划能够得到有效的执行和落实。

通过以上步骤，高校可以实现层层落实、责任到人，确保学生安全管理工作落到实处。这不仅可以有效预防和应对各种安全问题，还可以提高学生的安全意识和自我保护能力，保障学生的生命财产安全。

第三节　高等教育的后勤管理研究

后勤管理是高等教育中不可或缺的一环。它不仅直接关系到学生的生活质量，还会影响教师的工作效率和学校资源的合理分配。在高校学生群体中，后勤服务质量的好坏直接关系到他们的满意度和归属感。同时，后勤管理也是高校品牌建设的一部分，对提升学校形象和声誉具有重要作用。通过对后勤管理的研究，可以深入了解其重要性和现状，提出有效的改进策略，从而提高高等教育的质量和效益。

一、后勤管理的内涵和范畴

后勤管理主要涉及食品卫生、建筑环保、设备维护、安全保障等多个方面。

在食品卫生方面，后勤管理部门需要关注以下方面的管理。

第一，食堂卫生。食堂是学生们主要的饮食场所，因此卫生状况直接影响到学生的健康。后勤管理部门需要定期对食堂进行清洁和消毒，确保食堂环境卫生、餐具清洁、食品加工规范。

第二，食品采购和储存。食品采购和储存是食品卫生的关键环节。后勤管理部门需要严格把关食品的采购渠道，确保食品的品质和安全。同时，要严格控制食品的储存条件，防止食品变质和被污染。

第三，烹饪过程。烹饪过程中的卫生管理同样重要。后勤管理部门需要确保烹饪设备清洁，烹饪过程符合卫生标准，防止因操作不当导致的食品污染。

在建筑环保方面，后勤管理部门需要关注以下方面的管理。

第一，校园规划。合理的校园规划可以优化能源利用，减少环境污染。后勤管理部门需要考虑到校园的通风、采光、节能等因素，合理规划建筑布局和设施配置。

第二，建筑设计。建筑设计不仅关系到建筑的美观性，还影响到能源利用和环保性能。后勤管理部门需要与设计师合作，选择环保材料和节能技术，提高建筑的环保性能。

第三，环保材料。使用环保材料可以降低建筑对环境的影响。后勤管理部门需要了解并选择合适的环保材料，以减少建筑对环境的影响。

第四，能源节约。能源节约是环保工作的重要组成部分。后勤管理部门需要采取有效措施，如推广节能设备、加强能源监测等，提高能源利用效率。

在设备维护方面，后勤管理部门需要关注以下方面的管理。

第一，教学设备。教学设备是学生学习和教师授课的重要工具，需要定期进行检查和维护。后勤管理部门需要建立设备维护档案，定期检查设备的运行状况，及时发现并解决问题。

第二，科研设备。科研设备是高校进行科研工作的基础，需要保持良好的运行状态。后勤管理部门需要与科研人员密切合作，了解设备的使用情况和需求，提供及时的维护和支持。

第三，办公设备。办公设备是学校各部门日常工作的必要工具，需要确保其正常运行。后勤管理部门需要定期检查和维护办公设备，提供必要的更换和维修服务。

在安全保障方面，后勤管理部门需要关注以下方面的管理。

第一，消防安全。高校人口密度大，消防安全至关重要。后勤管理部门需要定期检查消防设施的运行状况，组织消防演练，提高师生的消防安全意识。

第二，交通安全。校园交通是学生和教职工生活的重要组成部分。后勤管理部门需要规划合理的交通路线，设置交通标志和安全设施，降低交通事故的发生率。

第三，人身安全。保障师生的人身安全是后勤管理的重要职责。后勤管理部门需要加强校园巡逻，防止外部侵害和内部矛盾引发的安全问题。同时，要提供必要的心理健康支持，关注师生的心理健康状况。

通过以上方面的后勤管理措施，可以确保高校在食品卫生、建筑环保、设备维护和安全保障等方面的正常运作，提高高等教育的质量和效益。同时，这些措施也有助于提升学校的品牌形象和声誉，吸引更多的优秀学生和教师加入，为高等教育的长远发展奠定坚实的基础。

二、后勤管理的现状和存在问题

当前高等教育后勤管理存在一些问题，影响了学生的生活质量和学校的安全形象。

（一）服务水平有待提高

第一，食堂食品种类单一、质量不高。这导致学生对食堂的满意度下降，这也可能导致学生的饮食健康问题。

第二，宿舍设施老化。老化的设施不仅影响学生的生活舒适度，还可能存在安全隐患。

（二）管理制度不够完善

第一，设备维护不及时，可能会导致在设备使用过程中出现故障，影响教学和科研工作的正常进行。

第二，消防安全漏洞。如果消防设施和安全措施不到位，可能会在紧急情况下引发安全事故。

这些问题的存在不仅影响了学生的学习和生活质量，还可能对学校的声誉和形象造成负面影响。因此，加强后勤管理，提高服务水平和完善管理制度是十分重要的。

三、后勤管理的改进策略和建议

为了提高后勤管理的质量和效益，我们提出以下建议。

首先，加强食品卫生管理，提高食品质量和安全水平。可以通过严格把控食品采购渠道、加强食品储存管理、提高烹饪过程卫生标准等方式来实现。

其次，完善设备维护机制，确保设备的正常运行。可以建立设备维护档案，定期进行设备检查和维护，及时发现并解决问题。

再次，建立健全的安全保障体系，确保校园的安全稳定。可以加强校园巡逻，定期进行安全演练，提高师生的安全意识。

最后，加强后勤队伍建设，提高服务水平和专业素养。可以通过培训、交流等方式提高后勤管理人员的专业能力和服务水平。

第七章　高等教育的发展性评价研究

高等教育发展性评价是一种新型的评价模式，旨在促进高等教育的持续改进和提升。随着全球化和信息化的发展，高等教育面临着新的挑战和机遇，如何提高教学质量、培养创新人才、增强科研实力，成为高等教育发展中的重要议题。在这样的背景下，发展性评价应运而生，为高等教育的改革与发展提供了新的思路和方法。

第一节　高等教育发展性评价的内涵

一、高等教育发展性评价的概念

高等教育发展性评价是一种基于未来发展的评价方式，旨在促进高等教育的持续改进和提升。它通过对高等教育机构在办学理念、教学质量、科研成果、社会服务等多个方面的综合评价，提供有针对性的反馈和建议，引导高校发现自身问题，改进不足，实现预定的发展目标。

二、高等教育发展性评价的主要特点

高等教育发展性评价的主要特点包括以下几个方面（图7-1）。

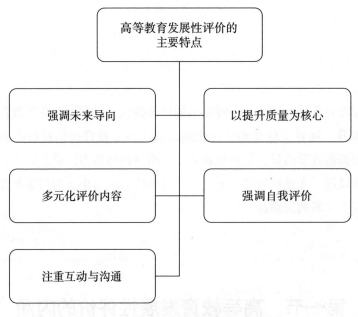

图7-1 高等教育发展性评价的主要特点

（一）强调未来导向

这种评价方式旨在引导高校不仅要保持现有的优势，还要积极探索未来的发展方向，不断提升自身的竞争力和适应能力。

在传统的评价方式中，通常更加关注过去的成绩和现状，如学生的考试成绩、毕业率、就业率等。这些指标虽然可以反映高校在某些方面的表现，但无法全面反映高校未来的发展潜力。因此，发展性评价的未来导向对高等教育的持续改进和提升具有更加重要的意义。

为了实现未来导向的评价，高等教育发展性评价需要关注以下几个方面。

第一，评价应该与高校的发展目标相结合，评价过程中要关注高校设定的未来发展方向和目标。

第二，评价不仅要关注高校过去的表现，还要评估高校未来的发展潜力。这需要对高校的教学资源、科研实力、师资队伍等方面进行综合评估。

第三，评价不是一个静态的过程，而是一个持续的循环过程。

第四，评价指标应该能够反映高校未来的发展趋势和潜力，如创新能力和社会影响力等。

总之，高等教育发展性评价的未来导向是区别于传统评价方式的重要特点。这种评价方式能够更好地引导高校关注未来发展趋势和潜力，实现高等教育的持续改进和提升。

（二）以提升质量为核心

高等教育发展性评价以提升质量为核心，关注高校在办学理念、教学质量、科研水平、社会服务等方面的改进空间。这种评价方式旨在通过提供有针对性的反馈和建议，促进高校的持续改进和提升。

发展性评价在提升质量方面的作用主要体现在以下几个方面。

第一，通过全面的过程评价，发现高校在各个方面存在的不足和问题，为高校提供改进的方向和目标。

第二，评价结果应该为高校提供具体的反馈和建议，帮助高校了解自身的优势和不足，提出有针对性的改进措施。

第三，通过循环评价，引导高校进行持续的改进和提升。

第四，发展性评价可以激励高校在各个方面追求卓越，提高教学质量、科研水平和社会服务能力。

为了实现以提升质量为核心的评价，高等教育发展性评价需要注意以下几个方面。

第一，评价应该关注实际效果和实践成果，而不仅仅是理论分析和计划。

第二，评价应该以高校为主体，尊重高校的自主权和决策权，提供有针对性的指导和支持。

第三，评价应该从系统性的角度出发，关注高校各个方面的协调性和一致性。

第四，评价应该是一个动态的过程，关注高校的发展变化和进步。

总之，发展性评价以提升质量为核心，通过关注高校在各个方面的问题和改进空间，提供有针对性的反馈和建议，促进高校的持续改进和提升，是推动高等教育发展的重要评价方式。

（三）多元化评价内容

发展性评价涉及高等教育的多个方面，包括教学质量、科研成果、社会服务、文化传承等，这是一个多元化的评价体系。

教学质量是高等教育发展性评价中的重要方面，它反映了高校在提高教学质量方面的努力和成果。教学质量评价通常包括课程设计、教学方法、教师素质、学生学习体验等方面。通过对教学质量的评价，可以发现教学中存在的问题，并提出改进建议，促进教学质量的提高。

科研成果是高等教育发展性评价中的另一个重要方面。科研水平反映了高校在科学技术研究方面的能力和成果。科研评价通常包括科研项目数量和质量、科研成果发表情况、科研奖项等方面。通过对科研成果的评价，可以发现科研中存在的问题，提出改进建议，提高科研水平。

社会服务是高等教育发展性评价中的重要方面之一。社会服务评价反映了高校为社会和经济发展所做出的贡献。社会服务评价通常包括校企合作、科技成果转化、社会公益活动等方面。通过对社会服务的评价，可以发现社会服务中存在的问题，并提出改进建议，提高社会服务能力。

文化传承是高等教育发展性评价中的重要方面之一。文化传承评价反映了高校在文化传承和创新方面的成果和贡献。文化传承评价通常包括校园文化建设、文化活动开展、文化研究等方面。通过对文化传承的评价，可以发现文化传承中存在的问题，提出改进建议，促进文化传承和创新。

总之，通过全面的评价，可以促进高等教育的全面发展，提高教学质量、科研水平和社会服务能力，同时促进文化的传承和创新。

（四）强调自我评价

发展性评价强调自我评价，要求高校在评价过程中进行自我反思和自我诊断，发现自身问题，挖掘自身优势，制定改进策略。这种评价方式旨在激发高校的自主性和自我发展能力，使其能够根据自身的实际情况进行自我调整和改进。

自我评价是发展性评价的重要特征，它要求高校在评价过程中对自己的教学、科研、社会服务等方面进行深入的分析和反思。通过自我评价，高校可以发现自己存在的问题和不足，挖掘自身的优势和潜力，并制定相应的改进策略。在自我评价过程中，高校需要关注以下几个方面。

第一，明确自身的发展目标和定位，制定符合实际情况的发展规划。

第二，对自身的教学、科研、社会服务等方面进行深入的分析和诊断，发现存在的问题和不足。

第三，分析自身的优势和潜力，挖掘教学、科研、社会服务等方面具有特色的发展方向。

第四，根据自我诊断和优势挖掘的结果，制定具体的改进策略和措施，明确具体的目标和计划。

第五，通过循环的评价过程，不断进行自我反思和调整，实现持续的改进和提升。

发展性评价强调自我评价的意义在于，它能够激发高校的自主性和自我发展能力，使其能够根据自身的实际情况进行自我调整和改进。通过自我评价，高校可以更加深入地了解自身的优势和不足，明确自身的发展方向和目标，实现学生教育的持续改进和提升。

（五）注重互动与沟通

发展性评价注重评价者与被评价者之间的互动和沟通，通过充分的交流和反馈，形成良好的评价氛围，促进双方的共同发展。这种评价方式旨在通过评价者与被评价者之间的互动和沟通，实现信息的共享和交换，达到相互促进、共同发展的目的。

在发展性评价中，评价者与被评价者之间的互动和沟通是非常重要的。通过充分的交流和反馈，评价者可以了解被评价者在各个方面的情况和问题，提出有针对性的建议和改进措施。同时，被评价者可以通过交流和反馈，了解自身的优势和不足，制定相应的改进策略和措施。这种互动和沟通的过程可以形成良好的评价氛围，促进双方的共同发展。发展性评价注重互动和沟通的方式可以包括以下几种。

第一，面谈。评价者和被评价者可以进行面对面的交流和沟通，了解彼此的情况和想法，交流经验和观点。

第二，问卷调查。通过问卷调查的方式，评价者可以了解被评价者在各个方面的情况和问题，被评价者也可以提出自己的意见和建议。

第三，案例分析。评价者可以通过对被评价者的案例进行分析，了解其在实践中的问题和经验，提供相应的指导和支持。

第四，小组讨论。评价者和被评价者可以组成小组，进行讨论和交流，分享经验和观点，促进双方的共同发展。

三、高等教育发展性评价的意义

高等教育发展性评价的意义主要包括以下几个方面（图7-2）。

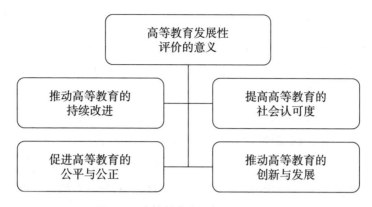

图7-2　高等教育发展性评价的意义

（一）推动高等教育的持续改进

发展性评价能够及时发现高校存在的问题，提出有针对性的改进建议，这是发展性评价一个非常重要的优势。传统的评价方式往往只关注过去的成绩和现状，难以发现高校在未来的发展趋势和潜力。而发展性评价更加注重未来的导向，关注高校在各个方面的发展潜力和存在的问题，通过全面的评价，为高校提供反馈和建议，引导高校进行持续的改进和提升。

（二）提高高等教育的社会认可度

发展性评价通过对高校各个方面进行全面的分析和评估，能够为高校提供全面的反馈和建议。全面的反馈和建议可以帮助高校在各个方面实现改进和提高。通过发展性评价的反馈和建议，高校可以更加深入地了解自身的优势和不足，有针对性地制定改进策略和措施，提高教学质量和科研水平，增强社会对高等教育的认可度。

（三）促进高等教育的公平与公正

发展性评价通常采用标准化的评价流程和指标，确保评价的公正性和客观性。标准化的评价流程和指标可以避免评价过程中出现主观性和偏见，使得评价结果更加可靠和透明。同时，标准化的评价流程和指标也可以促进不同高校之间的比较和评估，使得高等教育资源的分配更加合理和公平。标准化的评价流程通常包括以下几个步骤。

第一，确定评价目标和指标。根据高校的发展目标和定位，制定相应的评价目标和指标，确保评价与高校的实际需求相符合。

第二，数据采集和分析。通过多种渠道采集高校的相关数据，涉及教学质量、科研成果、社会服务等方面，并采用科学的分析方法对数据进行处理和分析。

第三，形成评价报告。根据数据分析和评估结果，形成针对高校的客观评价报告，提出有针对性的改进建议和发展策略。

第四，反馈与改进。将评价报告反馈给高校，帮助高校了解自身的优势和不足，并指导高校进行改进。

（四）推动高等教育的创新与发展

发展性评价不仅关注高校过去的成绩和现状，更注重未来的发展趋势和潜力。通过全面的评价过程，发展性评价旨在发现高校在未来发展中的优势和潜力，同时引导高校在办学理念、教学模式、科研方向等方面进行创新和发展。

在办学理念方面，发展性评价鼓励高校探索符合自身特点的办学理念，推动高校形成特色鲜明、具有前瞻性的发展思路。在教学模式方面，发展性评价鼓励高校尝试新的教学方法和手段，提高教学质量，培养创新型人才。在科研方向方面，发展性评价鼓励高校关注前沿科技问题，开展创新性研究，以推动科技创新和社会进步。

通过关注未来发展趋势和潜力，鼓励创新和发展，发展性评价旨在激发高校的自我发展和自我提升能力，推动高等教育不断适应时代发展的需求，为社会发展做出更大的贡献。

第二节 高等教育的学生发展性评价

学生发展性评价是一种以促进学生全面发展为目的的评价方式，其核心思想是重视学生的个体差异和多元化发展需求，通过评价引导学生发现自身优势和不足，激发内在动力，提高自主学习能力。

一、学生发展性评价的特点

高校学生发展性评价的特点主要包括以下几个方面（图7-3）。

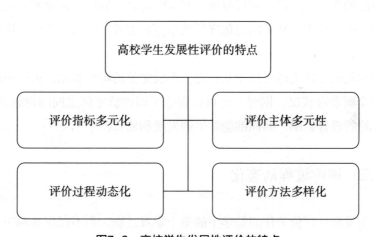

图7-3 高校学生发展性评价的特点

（一）评价指标多元化

学生发展性评价是一种以学生的全面发展为目标的评价方法。除了关注学生的学业成绩，它还重视学生的综合素质和多方面能力的发展，如思想品质、创新能力、实践能力、团队协作能力等。这种评价方法旨在通过多元化的评价内容和方法，全面了解和评价学生的优点、潜力和需求，帮助他们发现自己的不足并改进，同时也为教师提供反馈，帮助他们更好地指导学生。

（二）评价主体多元性

学生发展性评价的主体不仅包括教师，还包括学生本人、同学、家长等，以便多角度全面评价学生。

教师作为学生发展性评价的主体之一，可以依据学生的课堂表现、作业完成情况、测试成绩等进行评价，了解学生的学习状况和成长情况。此外，教师还可以通过观察、访谈、作品评价等方式，对学生的思想品质、创新能力、实践能力、团队协作能力等进行全面的评估。

学生本人也是评价的主体之一，可以通过自我反思、自我评估等方式，了解自己的优点和不足，制订改进计划，促进自我发展。同学和家长也可以参与到评价过程中，从不同的角度反映学生的表现和特点，为评价提供更多的反馈信息。

多元化的评价主体可以相互补充，形成完整的评价机制，更准确地反映学生的全面发展状况。同时，也可以促进不同评价主体之间的沟通和合作，形成良好的教育氛围，共同推动学生的发展和成长。

（三）评价过程动态化

学生发展性评价关注的是学生的整个学习过程，而不仅仅是期中、期末考试成绩。这种评价方法认为学生的发展是贯穿在整个学习过程中的，因此，评价应该关注学生在课堂上的表现、作业完成情况、参与课外活动等多方面。

通过观察学生的课堂表现，教师可以了解学生的参与程度、思维活跃度、学习态度等方面的情况。作业完成情况可以反映学生对知识的掌握程度、学习方法和学习习惯等方面的情况。参与课外活动可以体现学生的兴趣爱好、团队协作能力、自我管理能力等方面的情况。

（四）评价方法多样化

学生发展性评价采用多种评价方法，如考试、测验、观察、访谈、问卷等，以便全面了解学生的综合素质和发展需求。

第一，考试和测验是最常见的评价方法，可以用来测试学生的知识掌握程度和技能水平。

第二，教师通过观察学生的课堂表现、参与度、完成作业等情况，了解学生的学习状态和发展情况。

第三，教师可以通过与学生进行面对面的交流，了解他们的学习情况、发展需求和自我认知。

第四，教师可以通过问卷调查的方式，了解学生对学习的态度、兴趣、自我认知等情况。

这些评价方法可以根据不同的评价目的和评价对象进行组合和灵活运用，以便全面了解学生的综合素质和发展需求。通过多元化的评价方法，学生发展性评价可以更好地反映学生的个体差异，为学生的自我认知和自我发展提供更准确的指导。

二、学生发展性评价的作用

学校发展性评价的作用主要包括以下几个方面（图7-4）。

图7-4　学校发展性评价的作用

（一）促进学生全面发展

学生发展性评价是一种以学生的全面发展为主要目标，综合评价学生的学习能力、情感态度、自我认知、社会交往等多方面素质的评价方式。它不仅关注学生的知识掌握程度，更重视学生的自我认知和自我管理能力，鼓励学生发挥潜能，提高学生综合素质，促进学生全面发展。

（二）提高教学质量

学生发展性评价是一种注重学生个体差异和潜力的评估方式，其目的是促进学生全面发展，为学生的未来发展打下坚实基础，同时也能够提供全面的学生信息，帮助教师了解学生的学习情况，及时调整教学策略，提高教学质量。

（三）为教育决策提供参考

学生发展性评价不仅能够提供全面的学生信息，还可以为高校教育决策提供重要的参考。通过了解学生的学习风格、兴趣爱好、能力潜力和发展需求，高校可以更好地制定和调整教育决策，提供更加适合学生的课程和活动，满足他们的多元化发展需求。具体来说，在教育决策的制定过程中，学生发展性评价可以提供以下信息。

第一，通过评估学生的知识掌握程度、学习能力和潜力，高校可以了解学生的学习需求，制订更加个性化的教学计划和课程安排，提供更具挑战性和深度的学习内容。

第二，评价学生的兴趣爱好和特长可以帮助高校了解学生的个人发展和职业规划，提供与之相关的课程和活动，激发学生的学习热情和主动性。

第三，通过评估学生的沟通能力、领导力、合作能力等综合素质，高校可以了解学生的全面发展需求，提供更多的实践机会和课外活动，培养学生的综合素质和技能。

三、学生发展性评价的实施

（一）制定详细的评价方案

学生发展性评价是高校教育的重要组成部分，对促进学生的全面发展具有重要作用。制定详细的评价方案是实施评价工作的基础和关键，明确评价目标、评价指标、评价方法等，有助于提高评价的准确性和可靠性。同时，加强宣传和培训、建立评价组织、定期开展评价、持续改进和完善等措施，有助于保障评价工作的顺利实施。

（二）提高教师评价素养

教师作为评价主体，在评价过程中扮演着至关重要的角色。为了确保评价的准确性和公正性，教师需要接受相关的培训和提高评价素养，以便掌握多元化的评价方法。

通过接受专业培训、学习多元化的评价方法、提高评价敏感性、掌握数据分析和解释、提供有建设性的反馈以及持续学习和实践，教师可以更好地评价学生，并为学生的全面发展提供有力的支持。

（三）强化学生自我评价意识

引导学生参与自我评价是促进学生发展的重要途径。通过明确评价标准和期望、给予及时反馈和指导、鼓励学生表达自己的观点和感受、培养反思和总结的能力以及提供必要的指导和支持，教师可以帮助学生更好地了解自己，提高自我认知和自我管理能力，并为学生的未来自我实现打下坚实的基础。

第一，教师需要与学生共同明确评价标准和期望，以便学生了解自己应该达到的水平。这些标准可以包括课程成绩、课堂参与、作业完成情况、团队合作等方面。

第二，教师需要给予学生及时、具体和有建设性的反馈，帮助学生了解自己的优点和不足。同时，教师还可以提供相应的改进建议，引导学生制订自己的改进计划。

第三，教师需要创造一个安全、开放的环境，鼓励学生表达自己的观点和感受。这有助于学生更好地了解自己的学习状况和需求，同时也有助于教师更好地了解学生的情况，并提供更有针对性的支持和指导。

第四，教师需要引导学生学会反思和总结自己的学习过程和成果。通过反思，学生可以更好地理解自己的学习状况和需求，总结自己的经验和教训，并为未来的学习做好准备。

第五，教师需要为学生提供必要的指导和支持，如评价方法、数据分析和解释等方面的指导，以便学生能够更好地掌握自我评价的技能。

（四）合理利用评价结果

及时反馈评价结果可以促进学生的发展和教师的专业成长，同时也可以为高校提供决策依据，推动教育质量的不断提升。

对于学生来说，他们可以通过反馈了解自己在各方面的表现，明确自身的优势和不足，从而有针对性地进行改进和提高。这种反馈不仅可以帮助学生更好地认识自己，还可以激励他们更加努力地学习和提高自己各方面的能力。

对于教师来说，反馈评价结果也可以为他们提供宝贵的参考。教师可以根据学生的表现和反馈，调整和改进教学方法和策略，提高教学质量和效果。同时，教师也可以通过反馈了解学生的学习需求和困难，为学生提供更加个性化的教学支持和指导。

而对于高校，反馈评价结果可以为教育决策提供依据。高校可以根据学生的反馈和表现，调整和优化课程设置和教育资源分配，更好地满足学生的学习和发展需求。同时，高校也可以通过反馈评价结果，了解自身教育的优势和不足，进一步提高教育质量。

四、学生发展性评价的挑战与对策

1.评价指标难以统一：不同学科、不同专业的评价指标存在差异，难以形成统一的评价体系。

对策：在遵循整体性、可操作性和公平性的原则下，根据不同学科特点制定相应的评价指标，实现评价指标的多元化。

2.评价过程易受主观因素影响：评价过程中可能存在教师个人偏见、评价标准掌握不一等问题。

对策：加强教师培训，提高评价素养，实现评价方法的多样化，从不同角度对学生进行评价，以综合结果为准，减少主观因素的影响。

3.学生自我评价能力不足：学生可能存在自我认知不足、自我评价能力有限等问题。

对策：在教师引导下，通过课程设置、活动开展等方式帮助学生提高自我认知和自我管理能力，强化自我评价意识。

4.评价结果的应用需谨慎：评价结果可能涉及学生的隐私和自尊心，应用时需谨慎。

对策：建立完善的保护机制，确保评价结果的隐私安全。同时，以鼓励和激励为主，减少负面效应，促进学生自我实现。

第三节　高等教育的教师发展性评价

一、教师发展性评价的概念与意义

教师发展性评价是一种以促进教师专业发展和提高教学质量为目的的评

价方法。它不仅关注教师的教学效果，而且关注教师的职业发展，强调教师在教学、科研和服务等方面的整体发展。教师发展性评价主要是通过提供反馈、指导、激励和认可等手段，帮助教师不断提高教学水平和专业素养。

教师发展性评价的意义在于促进教师的专业发展和提高教学质量。首先，教师发展性评价可以激发教师的积极性和主动性，帮助教师发现自己的不足和潜力，促进教师的个人成长。其次，教师发展性评价可以提高教师的教学水平和能力，从而提高教学质量，为学生的全面发展提供更好的支持。最后，教师发展性评价可以推动学校的师资队伍建设，提高学校的整体竞争力。

二、教师发展性评价的指标体系

构建适合高等教育的教师发展性评价指标体系，应综合考虑教师的教育教学、科研工作、社会服务以及专业发展等方面。

（一）教育教学能力

这一指标主要考察教师的基本教学技能，包括教学策略（如教学方法、课程规划等）、课堂组织能力、课程设计能力以及学生评价能力等。这些能力可以帮助教师有效地传授知识，激发学生的学习兴趣，以及客观地评价学生的学习成果。

（二）科研能力

科研是大学教师的重要职责，这一指标主要考察教师的科研产出，包括学术论文发表、科研项目申请、专利申请、学术获奖等。这些成果可以反映教师的学术素养和科研能力。

（三）社会服务

大学教师作为社会的一部分，有责任为社会作贡献。这一指标主要考察教师参与社会兼职、公益活动、咨询服务等方面的情况。这些活动可以反映出教师的社会责任感和服务意识。

（四）专业发展

教师的专业发展是一个持续的过程，这一指标主要考察教师的自我提升能力，包括进修学习、学术交流、团队建设等。这些活动可以帮助教师保持专业更新，增强团队协作能力，促进个人职业的发展。

三、教师发展性评价的未来展望

随着高等教育的不断发展和改革，教师发展性评价将面临更多挑战和机遇。未来，教师发展性评价应关注以下几个方面（图7-5）。

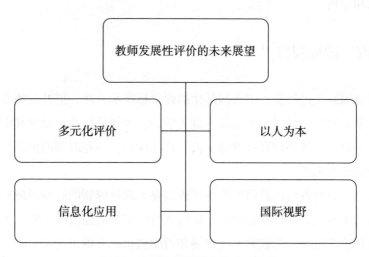

图7-5　教师发展性评价的未来展望

（一）多元化评价

考虑不同学科、不同类型教师的特点，建立多元化的评价指标体系，以更准确地反映教师的实际工作。例如，对于人文社科类教师，可以更加注重其研究成果和社会服务的影响力；对于理工类教师，可以更加注重其科研项目和成果的创新性和实用性。

（二）以人为本

关注教师的个体差异和个性化需求，提供有针对性的指导和支持，促进教师的全面发展。例如，对于新入职的教师，可以提供适当的入职培训和指导；对于有潜力的青年教师，可以提供更多的学术交流和合作机会。

（三）信息化应用

利用信息技术手段，建立教师发展性评价的信息管理系统，提高评价的效率和准确性。例如，建立教师的个人信息库，记录其教学、科研和社会服务等各方面的数据；建立评价系统的在线平台，方便评价者和管理者进行数据录入和分析。

（四）国际视野

借鉴国际先进经验，引入国际化的评价标准和方法，提升教师发展性评价的水平。例如，可以参考国际一流大学的教师评价体系，吸收其中的优秀元素；可以与国外高校开展教师交流和合作项目，拓宽教师的国际视野，提高教师的学术水平。

总之，高等教育的教师发展性评价需要不断适应新的教育环境和教育需求，通过不断完善评价指标体系、提高评价效率、关注教师个体需求和引进国际化评价方法等，为教师专业发展和教学质量提升做出更大贡献。

第四节 高等教育学校的发展性评价

高等教育学校的发展性评价是近年来教育评价领域的一个热点话题。发展性评价强调评价的目的是促进学校的发展，而不是简单地衡量学校或学生的表现。

一、高等教育学校发展性评价的概念

高校发展性评价是一种以学校自我规划、自我改进、自我管理为基础的评价方式。它关注学校在各个方面的整体发展，以促进学校不断优化、逐步提升。高校发展性评价强调评价的过程，注重学校与外界环境的互动，以及学校内部各要素的协同作用。

与传统评价方式相比，高校发展性评价更加注重未来的发展。它旨在帮助学校了解自身的优势和不足，发现潜在的发展机会，为学校的未来发展提供指导和支持。

二、高等教育学校的发展性评价体系

高校发展性评价体系是高等教育学校实施发展性评价的核心内容。该体系包括以下几个方面（图7-6）。

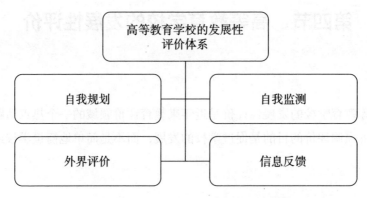

图7-6　高等教育学校的发展性评价体系

（一）自我规划

学校根据自身的实际情况和发展目标，制定一套自我规划方案。该方案应包括学校的办学理念、目标、策略、计划以及具体的实施措施。

（二）自我监测

学校在规划实施过程中，应建立一套自我监测机制，对规划的实施情况进行实时监控，发现问题并及时采取措施进行改进。

（三）外界评价

除了自我监测，学校还需要接受外界的评价。这包括政府评估、社会评价、学术界评估等。外界评价可以反映出学校在社会中的形象和地位，有助于学校了解自身的优势和不足。

（四）信息反馈

评价的目的是提供反馈信息，帮助学校改进工作。因此，学校需要建立一套有效的信息反馈机制，将评价结果及时反馈给相关人员，以便采取行动进行改进。

三、高等教育学校发展性评价的优势和挑战

（一）高等教育学校发展性评价的优势

第一，促进学校整体发展。发展性评价关注学校的整体发展，包括教育教学、科研、社会服务等多个方面。这有助于学校在各个方面取得均衡发展，提升整体实力。

第二，强化学校的自我管理。发展性评价强调学校的自我规划、自我监测和自我改进。这有助于强化学校的自我管理能力，提高管理效率。

第三，提高学校的竞争力。通过发展性评价，学校可以了解自己在社会中的位置和形象，进而提高学校的竞争力和影响力。

（二）高等教育学校发展性评价的挑战

1.需要投入大量时间和精力

实施发展性评价需要学校投入大量的时间和精力，包括制定规划、实施自我监测、接受外界评价等。这对于一些规模较小或资源有限的学校来说可能是一项艰巨的任务。

2.需要建立有效的信息反馈机制

发展性评价需要将评价结果及时反馈给相关人员，以便采取行动进行改进。因此，学校需要建立有效的信息反馈机制，确保信息的及时传递和利用。

3.需要提高评价的客观性和公正性

发展性评价不仅涉及学校的自我评价，还涉及外界评价。因此，提高评

价的客观性和公正性对保证评价结果的可信度和有效性至关重要。

四、高等教育学校发展性评价的未来发展方向

随着教育评价理论的不断发展，发展性评价将在高等教育领域发挥更加重要的作用。未来，发展性评价可能会朝以下几个方向发展（图7-7）。

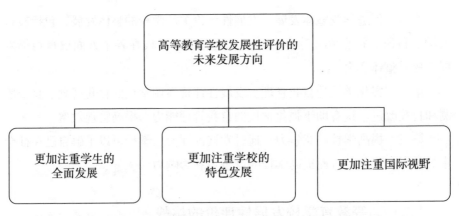

图7-7　高等教育学校发展性评价的未来发展方向

（一）更加注重学生的全面发展

发展性评价将更加关注学生的全面发展，包括学术成就、个人品质、社会交往等多个方面。这有助于为学生提供更全面的支持，促进其全面发展。

（二）更加注重学校的特色发展

未来发展性评价将更加注重学校的特色发展，鼓励学校根据自身的优势和特色制定发展规划，促进学校在特色领域中取得更加突出的成就。

（三）更加注重国际视野

随着全球化的发展，未来发展性评价将更加注重国际视野，借鉴国际先进的教育评价理念和方法，提高我国高等教育学校的国际竞争力。

参考文献

[1]齐书宇.新时代高校教师管理问题研究[M].北京：知识产权出版社，2022.

[2]钟亮.现代高校教育之理性思考[M].长春：吉林人民出版社，2019.

[3]曹建平，郭海娟，毛佳丽.新形势下的教育管理体系构建[M].北京：中国书籍出版社，2021.

[4]杨德广.高等教育管理学[M].上海：上海教育出版社，2006.

[5]高慧斌，陈如平.教师专业发展改革[M].济南：山东友谊出版社，2022.

[6]张津凡，席文彪.心灵之光：大学生心理健康维护研究[M].北京：中国书籍出版社，2022.

[7]白芳.学生本位视角下大学生教育管理与实践探索[M].北京：中国水利水电出版社，2019.

[8]杨元妍.高校教师专业发展生态论[M].北京：中国纺织出版社，2019.

[9]司晓宏.教育管理学论纲[M].北京：高等教育出版社，2009.

[10]武晓琼，王海萍.信息化时代的教育教学理论与实践研究[M].北京：中国水利水电出版社，2019.

[11]胡永新.教师人力资源管理[M].杭州：浙江大学出版社，2008.

[12]柯佑祥.高等教育管理[M].上海：华东师范大学出版社，2001.

[13]杨德广.高等教育学概论（修订版）[M].上海：华东师范大学出版社，2010.

[14]黄顺亮，蔡荣芝，王春涛，等.高等教育管理[M].北京：新世界出版社，2003.

[15]谢建立.新形势下大学生教育管理的内容体系研究[M].北京：中国水利水电出版社，2017.

[16]姚启和.高等教育管理学[M].武汉：华中理工大学出版社，2000.

[17]刘昕.学分制与大学生教育管理[M].济南：山东大学出版社，2009.

[18]张胜洪.大学生心理健康与心理危机干预研究[M].北京：中国书籍出版社，2022.

[19]陆雪莲.当代课程与教学论的建构及变革[M].北京：中国水利水电出版社，2019.

[20]杨德广.高等教育学概论[M].上海：华东师范大学出版社，2002.

[21]李汪洋，秦元芳.教育管理学[M].海口：南海出版公司，2004.

[22]林金枫，赵琳.文教事业管理[M].哈尔滨：哈尔滨工程大学出版社，2016.

[23]陈孝彬，高洪源.教育管理学[M].北京：北京师范大学出版社，2008.

[24]韩延明.改革视野中的大学教育[M].北京：中国海洋大学出版社，2006.

[25]全国高等教育自学考试指导委员会组，柯佑祥编.高等教育管理[M].上海：华东师范大学出版社，2002.

[26]常思亮.教育管理学[M].长沙：湖南大学出版社，2006.

[27]戚万学.高等教育学[M].济南：山东大学出版社，2008.

[28]罗双凤，叶安珊.教育管理学学习指导[M].北京：中国人民大学出版社，2011.

[29]孙山.地方高校学分制改革研究[M].成都：西南交通大学出版社，2009.

[30]陈孝彬.教育管理学[M].北京：北京师范大学出版社，1999.

[31]王守恒，姚运标.教师管理论[M].芜湖：安徽师范大学出版社，2010.

[32]尹丽春，柳若愚，陈丽芬.现代教育管理论[M].长春：吉林大学出版社，2013.

[33]吴本佳，蒋从明.教师管理与学生管理[M].天津：天津教育出版社，2008.

[34]罗双凤，叶安珊.教育管理学[M].北京：中国人民大学出版社，2010.

[35]孙莉萍.教学论[M].沈阳：辽宁大学出版社，2012.

[36]周强，汪滨琳.教育管理学教程[M].哈尔滨：哈尔滨工程大学出版社，2003.

[37]吕银芳.学校管理学[M].南京：南京大学出版社，2020.

[38]张东娇，徐志勇，赵树贤.教育管理学[M].北京：高等教育出版社，2011.